Echo

Berlin Schlossplatz

1 Gebäude
4 Fassadenflächen
1100 x 2000 cm, 1100 x 2000 cm
1100 x 5700 cm, 1100 x 5700 cm
1694 qm Gesamtfläche
970 Einzelmotive, Digitaldruck
auf Affichenpapier
280 x 64 cm jeweils
plakatiert auf die Fassade
6 Monate

1 building
4 facades
36 x 65.6 ft, 36 x 65.6 ft
36 x 187 ft, 36 x 187 ft
18,234.6 square feet overall
970 single motifs, digital print
on blue backed poster paper
110¼ x 25¼ in each
mounted on the facade
6 months

Bettina Pousttchi *Echo Berlin*

Diedrich Diederichsen
Tom McCarthy
Markus Miessen

Hans Ulrich Obrist
Angela Rosenberg
Esther Ruelfs

Verlag der Buchhandlung
Walther König, Köln

*TEMPORÄRE
KUNSTHALLE
BERLIN*

Inhalt / Contents

Echo/Cut

I spent a lot of time watching / a very painful demolition / eerily manipulated by / the dark river-nymph / test his reliability and truthfulness / by adding horizontal lines to it as if

“Echo” / cannot stay silent when another speaks, but yet has not learned to speak first herself / an element of visual noise into the image by / slats of a lowered blind / or a furtive view / resurrects / ambivalence of public images

of “of-ness” / shot off a tv screen / named him Narcissus / what you see is but the shadow cast by your reflection / the old edifice / to haunt its former site / of déjà-vu / it comes with you, and lasts while you are there

Two different times / not a mimetic approach / *fata morgana* / and / poor foolish boy, why vainly grasp at the fleeting image that / to “erase the traces” / airports, civil buildings, rail stations and stadiums / mistaking a mere shadow for / essential structural components / a real body

Schlossplatz / a clear pool, with shinnying silvery waters / fired by the sight / to forms of representation / the very illusion that deceived his eyes / media archives / will be digitally / without taking their emotions, thoughts and desires into consideration / fell in love with an insubstantial hope

a right to their /demolished Reichstag / beauty of the place / the beautiful reflection that he saw / U-Bahnhof Alexanderplatz / kept ever green by nearby waters / open discussion / but / her name is Echo, and she always answers back

Tom McCarthy

Wie spät ist Deutschland?

Diedrich Diederichsen

Dem von der neuen Buchhandlung König über die Museumsinsel am Lustgarten vorbei gemütlich Richtung Unter den Linden gondelnden Radfahrer bot sich jüngst ein seltsamer, ja unwirklicher Anblick. Unter all die geschichtsträchtigen und teilweise mit viel Aufwand renovierten Bauten, die hier für deutsche und preußische Kontinuität bürgen, hat sich ein Alien geschlichen, ein Wolpertinger aus Kunstwerk und Gebäude. Der Effekt, den dieses neue Objekt auf die Wahrnehmung auch all der anderen architektonischen Simulationen historischer Konstanz ausübt, ist einer der De-Realisierung. Sind das Film-Props hier, und, wenn ja, wo fängt eigentlich die Wirklichkeit wieder an?

Bettina Pousttchi hat in einem schon bei früheren Arbeiten verwendeten Verfahren der Bildverarbeitung Fotografien des mittlerweile abgerissenen Palastes der Republik so gestaltet, dass mehrere hundert einzelne Bilddrucke, auf die Außenwände der besagten Kunsthalle appliziert, den Eindruck einer Miniaturausgabe des verschwundenen ehemaligen Repräsentationsbaus der DDR ergeben. Obwohl die Bilder nicht nur schwarz-weiß sind, natürlich verkleinert, sondern auch mit verfremdenden technischen Übertragungen operieren, die Pousttchi schon in anderen Arbeiten gerade auch als Index sekundärer Zeitlichkeit der Bilder eingesetzt hat - so wie abgefilmte TV-Bilder in Filmen immer von Linien durchzogen sind -, haben sie einen Realitätseffekt, der einerseits von der Gewöhnung an die temporären Fassaden sich nährt, von dem Wissen, dass deren Vorübergehendes nicht wirklich Veränderung signalisiert, andererseits aber von der unheimlichen Ahnung lebt, dass kein anderes Gebäude in dieser Gegend mehr beanspruchen kann, etwas anderes als flüchtige Verkörperung von Ideologie zu sein, seit der Palast der Republik abgerissen wurde: ein Vorgang, bei dem Ideologie gegen Ideologie antrat, um architektonische Fakten zu schaffen.

Nachdem nun also unser Radfahrer die von Pousttchi mit bearbeiteten Schwarz-Weiß-Fotografien des abgerissenen Palastes der Republik vollständig bedeckte und so die einem verkleinerten Palast der Republik, also dem offensichtlich fehlenden Gebäude des ganzen Ensembles ähnlich gemachte sogenannte Temporäre Kunsthalle erblickt hatte, verwandelten sich für ihn auch alle anderen Gebäude in Verfremdungen ihrer selbst. Die angestrengt simulierte Gleichzeitigkeit von preußisch-deutscher Kontinuität und deutsch-euro-globaler Gegenwart der ganzen Szenerie mutierte in ein Theme-Park-artiges Traumland. Der Traum, der hier geträumt wird, ist allerdings von keinem tätig verdrängenden, sublimierenden und verdichtenden Unbewussten hervorgebracht worden. Es ist vielmehr ein Traum, den sich neue deutsche Vorzeigbarkeitsstrategien bei vollem Bewusstsein selbst verordnet haben. Dass nun das ideologische Substrat von Berlins Mitte als ein solcher verordneter Traum aufscheint und unter heftigem Flackern von psychedelischer Märchenhaftigkeit auch bald in sich zusammensackt, während der Radfahrer sich in die Busspur eingeordnet hat, die an der Humboldt-Uni vorbeiführt, ist nicht das einzige Verdienst der erwähnten Arbeit, die den Titel *Echo* trägt.

Die Bildende Kunst stellt sich ja in ihrer installativen Phase nicht nur, wie vielfach bemerkt, die Frage nach dem Raum der Kunst[1], sondern interessanterweise vielmehr die nach der Zeit[2] in neuer Weise. Dabei überlagern sich phänomenologische und psychologische, technisch physikalische Zeitbegriffe mit denen der Geschichtsphilosophien und der Gegenwartsdiagnose. So wird etwa die Verweildauer vor einem Objekt, in einer Installation dadurch neu bestimmt, dass die ausgestellten Objekte (Bewegt-Bild-Installationen z.B.) ihrerseits in der Zeit ablaufen und den RezipientInnen andere zeitökonomische Entscheidungen abverlangen als der Besuch klassischer Gemäldegalerien. Doch gerade diese in den letzten Jahren bei installativen Verfahren verstärkt zu beobachtende Beschäftigung mit den Apriori der Rezeption konnte auch die Zeit als Medium von Geschichtlichkeit in anderer Weise thematisieren als es Zitat-Künste, Appropriation oder Re-Enactment getan haben. Konzentrierten sich jene auf die Dekonstruktion der Institution Original, Urheber oder Künstlersubjekt, mithin auf Fraglichkeit und Relativität der

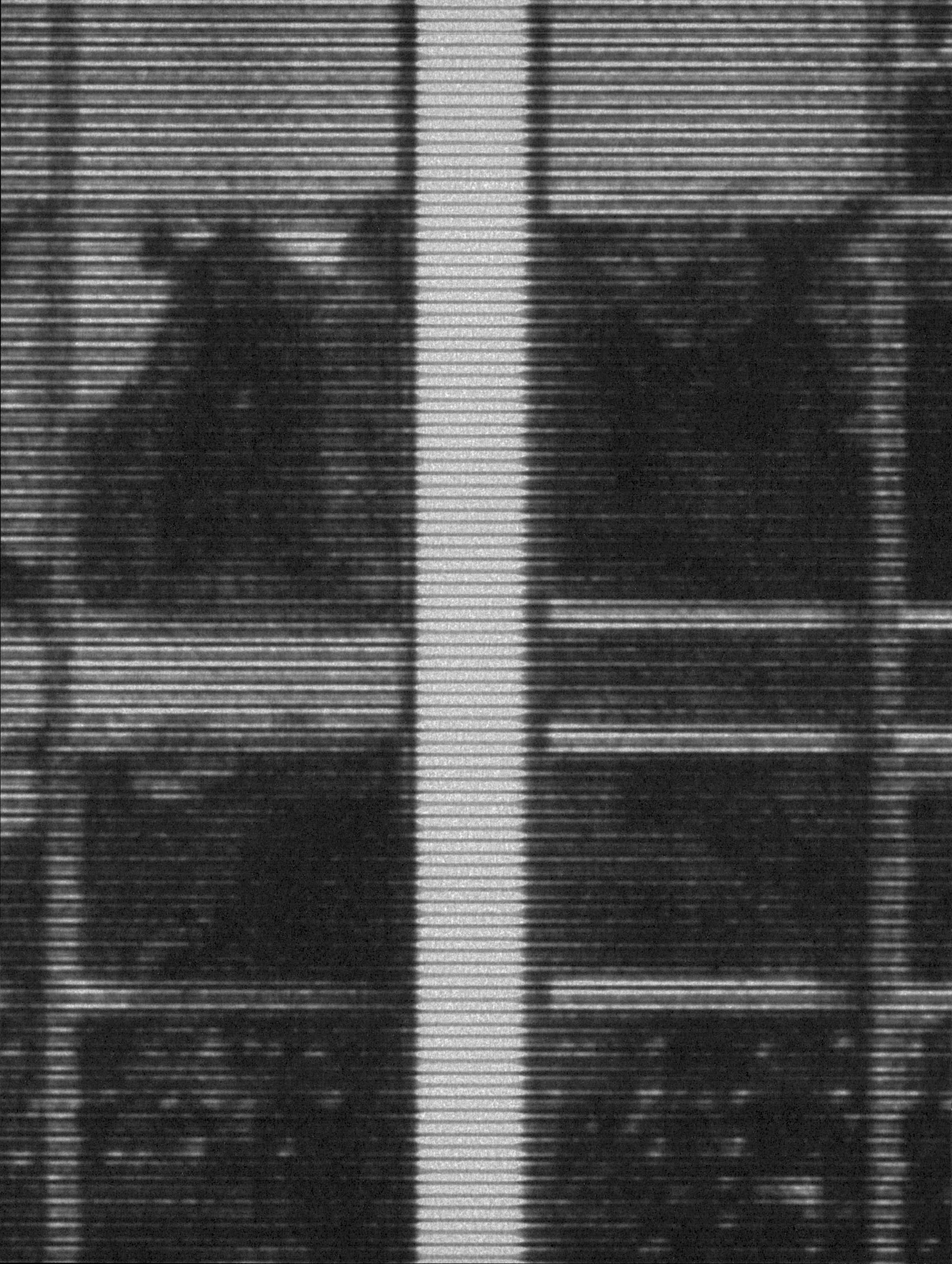

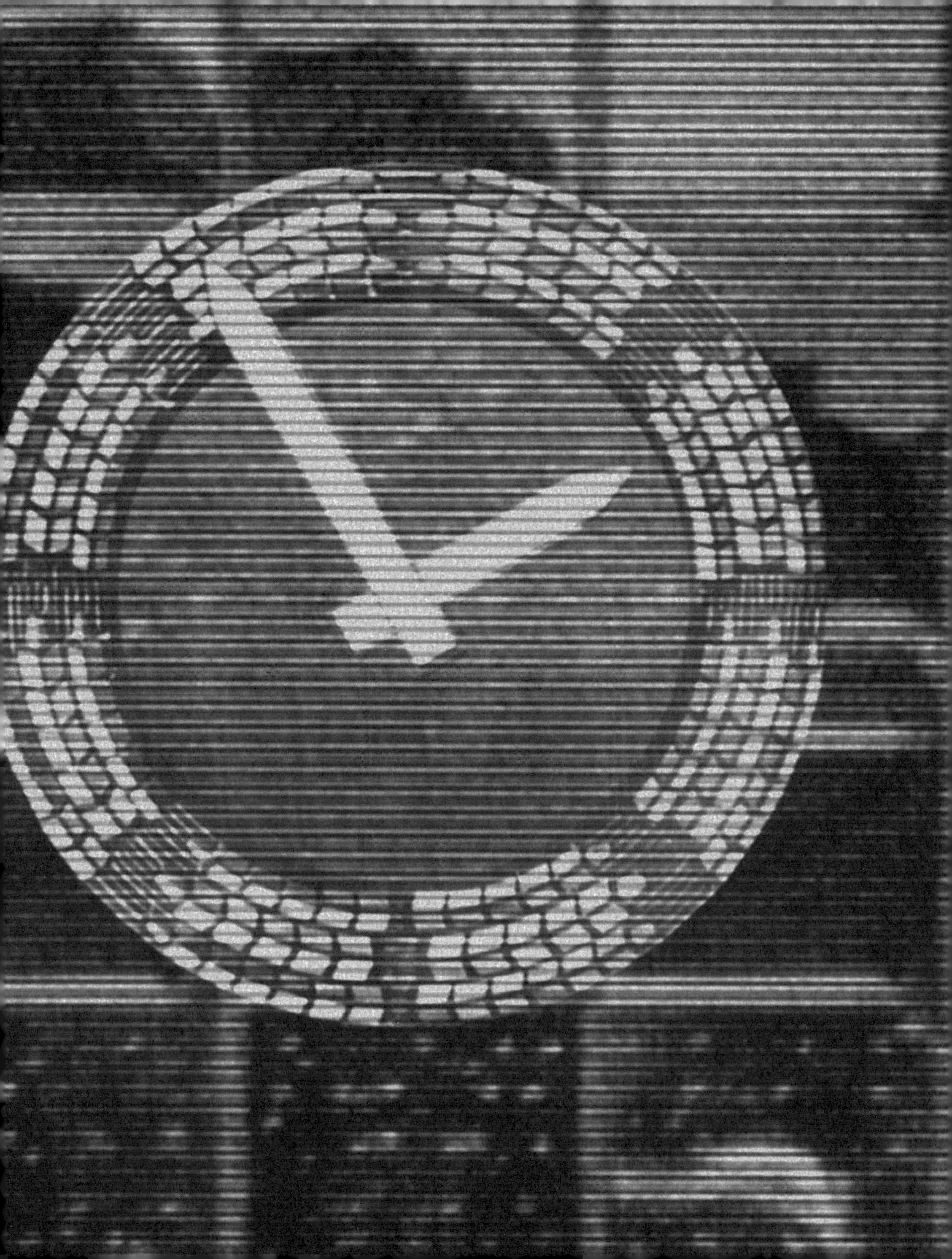

Produktion in Bezug vor allem auf die Fragwürdigkeit modernistischer Fortschrittslogik, so konnten diese oft Rezeptionsvorgänge so untersuchen, dass auch das Verhältnis von Zeitlichkeit und Prozessualität der Rezeption und Historizität des als bekannt und erledigt oder auch entleert Erkannten deutlich wurde.

Pousttchis Arbeit *Echo* versteht sich nun ausdrücklich auch als eine Foto-Installation, obwohl sie nicht in die Kunsthalle hineingebaut wurde, sondern diese von außen verkleidet. Dennoch bearbeitet sie zunächst mal einen Ausstellungsraum, indem sie dessen Haut bearbeitet - das schließt zunächst an jene Tradition institutionskritischer Interventionen an, die sich direkt auf die Architektur von Ausstellungsräumen bezieht. Zugleich ist aber diese Kunsthalle eine, die von vornherein einem der Einwände, die solche Institutionskritik gewöhnlich mitartikuliert, den Wind aus den Segeln nimmt, indem sie sich sozusagen freiwillig als temporär ausgibt und damit das Unmarkierte, unerklärt Vorausgesetzte institutioneller Macht, das noch von Leuten wie Michael Asher an der Architektur und der Innenarchitektur von Kunstinstitutionen lokalisiert werden konnte, markiert und freundlich zur Diskussion zu stellen scheint. Man kann diese Kunsthalle daher nicht von innen auf das hinweisen, was sie institutionell ist, man muss es von außen tun, in Beziehung auf die anderen Gebäude um sie herum. Post-autoritäre institutionelle Macht ist weiterhin institutionelle Macht, aber sie ist nicht mehr autoritär. Sie besetzt vielmehr freiwillig die Funktion der Variable im Verhältnis zur Konstante (im Stadtbild), des Kommentars im Verhältnis zum Text (in der Rezeption mit Kunst) etc. mit einer (neuen) institutionellen Funktion: Man kann (und sollte) diese zwar kritisieren, aber man muss das auf eine andere Art tun, als dies alte Institutionskritik zu tun pflegte. Das geht aber nicht ohne eine Bezugnahme nicht nur auf die veränderten Verhältnisse, sondern auch auf die veränderten Verhältnisse der Kritik durch Bezug auf Vorgänger. Dies unternimmt Pousttchi, indem sie die Thematisierung des Gebäudes als Platzhalter für die Institution à la Asher zwar aufgreift, aber nicht mehr die Hardware der Architektur angreift, sondern die kulturelle Software der Repräsentation und der differenziellen Semiotik städtischer Szenen.

Damit kommen - en passant - genau die zwei Disziplinen zusammen, in denen Pousttchi meistens und nicht ohne Bewusstsein für deren Traditionen arbeitet: Skulptur und Fotografie. Die Fotoinstallation macht aus ihrer gestalteten Requisite - der Kunsthallenarchitektur - eine Skulptur. Aber dadurch, dass diese zumindest in der Zeitlichkeitsordnung der Radfahreraufmerksamkeit auch aussieht wie ein Gebäude, können all die anderen Gebäude auch nur noch als Skulpturen gelesen werden. Denn wenn mindestens ein Element einer Zeichenkette die Möglichkeit einführt, die ganze Zeichenkette einer anderen Ontologie zuzuweisen, wird diese Möglichkeit von den BetrachterInnen zumindest vorübergehend erwogen.

Auch das Wort „temporär“ heißt vorübergehend, bleibt aber den Voraussetzungen des Vorübergehens (geschichtliche Prozesse, Naturkatastrophen etc.) gegenüber indifferent. Das Wort sagt nicht, wann und unter welchen Voraussetzungen etwas vorübergeht bzw. wann und unter welchen Voraussetzungen es vorbei sein wird. Andere Architektur, klassische Museumsbauten etwa, sagt stets sehr genau, wann sie begonnen, oft auch, wann sie überarbeitet und neu gegründet wurde, aber nie, wann sie oder überhaupt nur dass sie vergehen werden. Auch der Palast der Republik sprach nur von seinem Anfang, nicht von seinem möglichen Ende, noch von seinem Vorgänger. Das tat immerhin das Museum für deutsche Geschichte zu DDR-Zeiten: Eine Tafel verwies am Eingang darauf, dies sei früher das Museum zur „Verherrlichung des preußisch-deutschen Imperialismus“ gewesen. Eine „temporäre Kunsthalle“ sagt so etwas wie: Ich stehe für die Ideologie der Freiheit von der Ideologie. Ich produziere Bedeutung, aber nur sekundär, im Hinblick auf; wenn der geschichtlich verbindliche Blick mich zu lange anschaut, bin ich schon weg. Genau auf diesen Umstand scheint sich die Idee zu beziehen, die Temporäre Kunsthalle dem ihr antagonistischen Palast der Republik ähnlich zu machen, der sich genau diesem Blick stellen wollte - und dabei unterging.

Die Zeitlichkeit architektonischer Planungen und Entscheidungen und der Umgang mit diesen durch das vielfältige

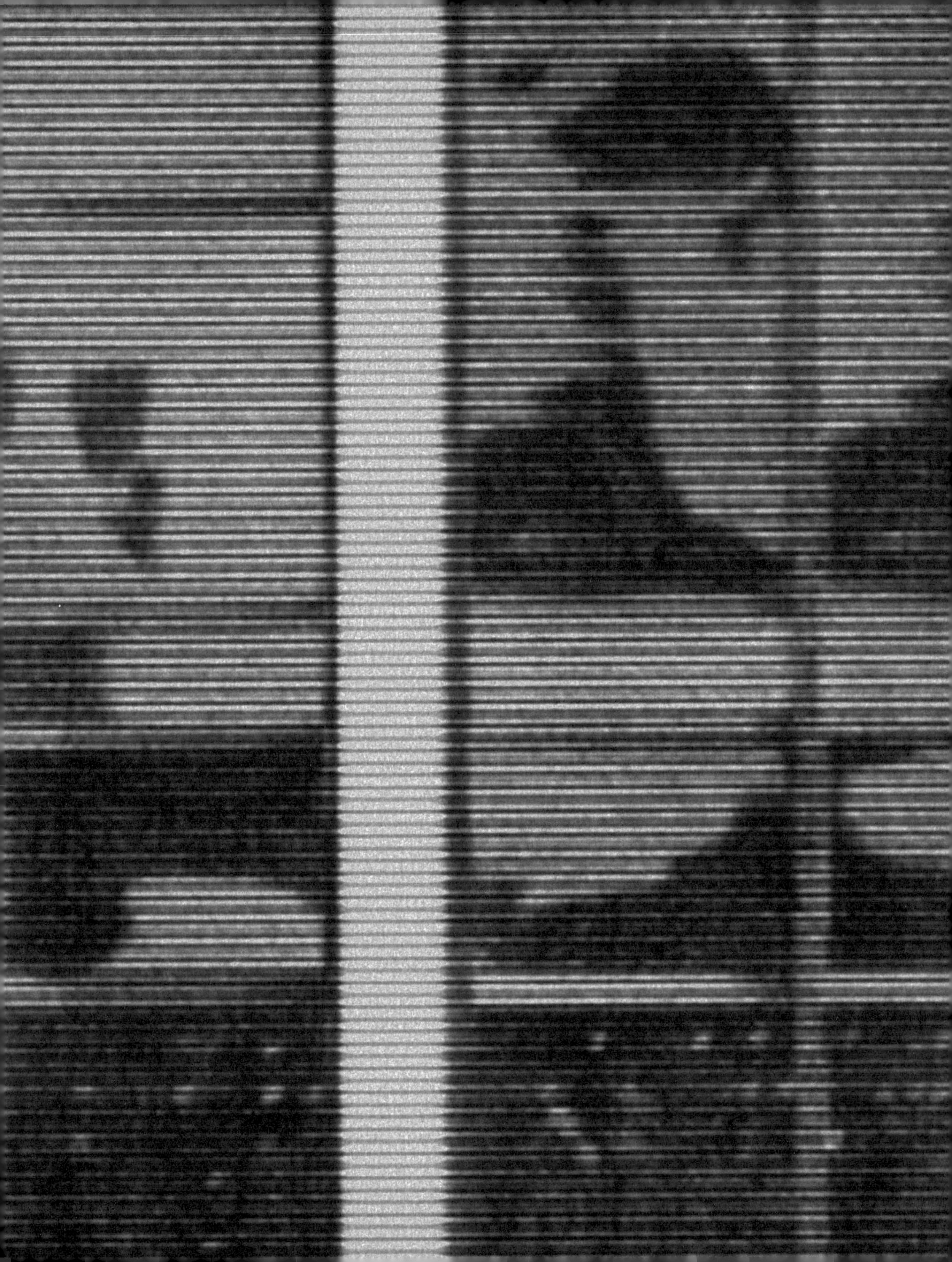

Publikum, eine nämlich in jeder Hinsicht heterogene und unübersichtliche RezipientInnenschaft, die Gebäude entweder aktiv benutzt oder als Konstanten des Alltags im Hintergrund vorüberziehen lässt und deren Stimmung durch sie aufgehellt oder verdunkelt wird, sind ebenfalls in Bewegung geraten, ähnlich wie bei den Installationen im Innenraum. Klassischerweise sind Konstanz und Kontinuitätsbehauptung in der Architektur ein ähnliches Mittel der Verblendung wie die Abwechslung im industrialisierten Unterhaltungsprinzip. Gegenmittel sind schon immer markierende Interventionen, temporäre Bauten und Anbauten gewesen, so wie umgekehrt *Duration* und *Drone*, maximale Dauer, offene Enden etc. Mittel der Künste waren die Ästhetik standardisierter Sequenzen, also des alltäglichen Vorüberziehens von Bewegtbild und Musik zu bekämpfen. Doch heute ist die temporäre Fassade, die Projektion im Stadtraum, das freimütige Bekenntnis zum permanenten Umbau seinerseits ein erwünschter Dauerzustand, ein Bindeglied des Stadt- und Architekturkonsums geworden, das quasi die Zwischenräume zwischen den Signature-Buildings bespielt.

Die Arbeit *Echo* verkleidet die Außenseite eines Gebäudes, das in vorauseilender Geständnisbereitschaft seine eigene Zeitlichkeit erklärt, in dessen Innerem aber unter anderem auch Arbeiten zu sehen gewesen sind, die die Zeitlichkeit des Kunstobjekts neuen Technologien, neuen Genres, neuen ästhetischen Projekten und neuen Moden entsprechend neu organisieren wollten. Die Temporäre Kunsthalle in Berlin ist nicht das erste und nicht das einzige Gebäude, bei dem innere und äußere Reorganisation der Zeitlichkeit von Kunst und Architektur einander begegnen. Pousttchi ist nicht die einzige Künstlerin, die diese zwei Seiten einer neuen Thematisierung von Zeitlichkeit aufgreift. Aber die Konstellation im Zentrum des neuen alten Berlins, das sich so aggressiv und ostentativ als Schauplatz von Geschichte geriert, konfrontiert die je technisch-medial-künstlerische oder urbanistisch-ökonomisch-politische Problematik mit ihrem normalerweise ausgeblendeten Dritten: der Geschichte. Umgekehrt aber entsteht so auch denen ein Hindernis, die über Geschichte wieder verfügen möchten, als ein Zusammenspiel von Konstante und Variable, bei der allein die aktuellen Machthaber bestimmen, was die Konstante sei - und was sie repräsentiere - und was die Variable.

Was das Wort „temporär“ locker unausgesprochen ausblendet, ist der Grund des Vorübergehens von etwas, seine Frist. Es hält der Frist ein ewiges Verhältnis von Konstanz (wahre deutsche Geschichte) und Variable (Kommentare, kommende und gehende Gebäude), unangreifbarer Nationalität und revidierbaren Verirrungen (DDR - und in der gleichen Logik: Nationalsozialismus) entgegen. Auf diese Weise wird sowohl geleugnet, dass der Nationalsozialismus Preußen ebenso unwiederbringlich desavouiert hat wie dass die (fehlgegangenen) Versuche der DDR, ein anderes Deutschland zu etablieren, tatsächlich stattgefunden haben und Tatsachen geschaffen. Im biologischen Leben wird die Frist vom Tod gesetzt, im politischen von historischen Umwälzungen, die man nicht nur nicht leugnen kann, sondern auch immer, und immer natürlich vorläufig, bewerten muss. Davor will sich die neue Balance aus einer reaktionären Ewigkeitsbehauptung des Deutschen (Stadtschloss) und einer postmodern ewig wandelbaren Kommentarbespaßung durch allerlei Temporäres drücken.

Bettina Pousttchi hat dem Maß der Zeit einen speziellen Ort in ihrer Foto-Installation zugewiesen: eine große Uhr an der Stelle, wo früher das Hoheitszeichen der DDR prangte, aus deren Elementen Hammer und Zirkel konstruiert. Eine andere Uhr auf der Rückseite, die es im Original ebenso wenig gibt, zeigt eine andere Zeit an. *Echo* spricht so das entscheidend Ungesagte aus, das Verhältnis dieser neuen deutschen Konstruktion zum realen historischen Stand der Dinge. Sie gibt die Antwort auf die Frage: Wie spät ist es?

1 Vgl. Michaela Ott, „Ästhetik/Kunstgeschichte“, in: Stephan Günzel (Hg.), *Raumwissenschaften*, Frankfurt/M: Suhrkamp 2009, S.14-29.

2 Vgl. Juliane Rebentisch, *Ästhetik der Installation*, Frankfurt/M: Suhrkamp 2003, S.146 ff.

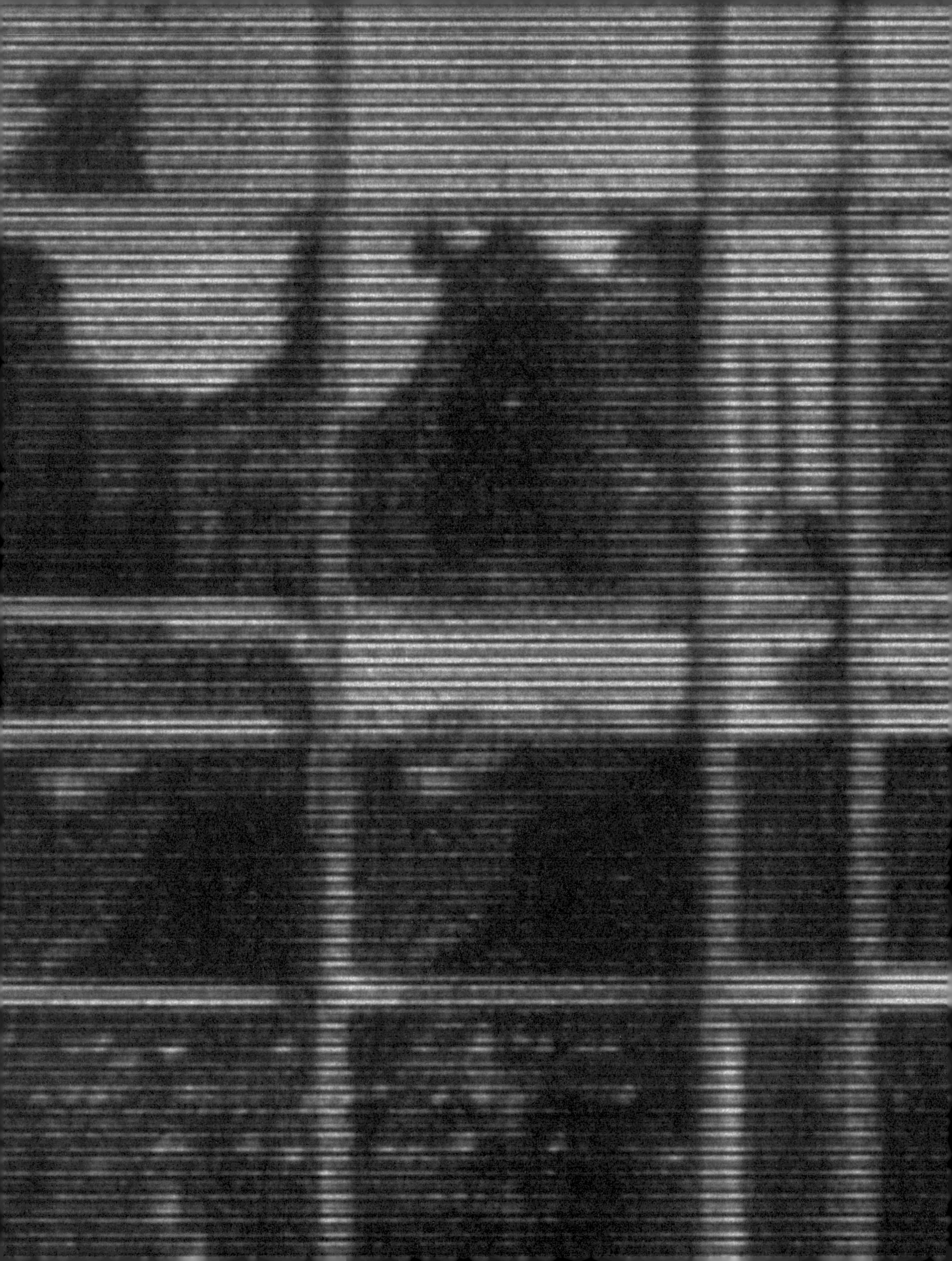

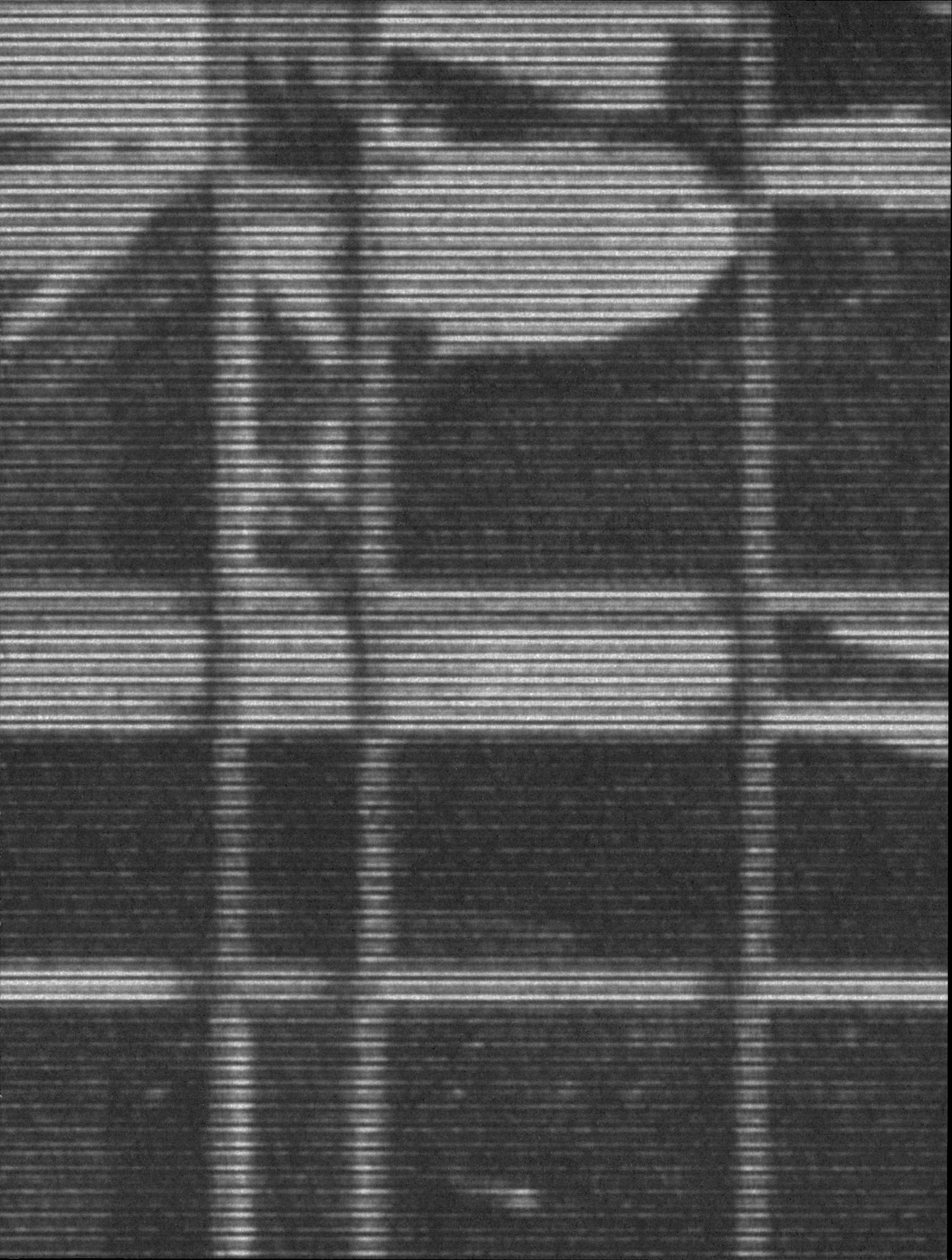

What Time is Germany?

Diedrich Diederichsen

Recently, a strange, even unreal sight presented itself to a bicyclist riding across the Museumsinsel (Museum Island) toward Unter den Linden from the new Buchhandlung König (König Bookstore) at a leisurely pace. An alien - a "jackalope," half-artwork and half-building - seemed to have sneaked in among all the richly historical buildings, some of them renovated at great expense, that vouch for German and Prussian continuity here. The effect that this new object has on the perception of all the other architectural simulations of historical constancy is one of derealization. Are these all film props, and if so, where does reality resume?

In a procedure for working with images that she has already used in other works, Bettina Pousttchi has designed photographs of the since demolished Palast der Republik (Palace of the Republic) in such a way that several hundred individual prints, affixed to the exterior walls of the so-called Temporäre Kunsthalle (Temporary Art Gallery), create the impression of a miniature edition of the now vanished former prestige building of the GDR. The images are not only black and white; they are also, of course, reduced in size and work with defamiliarizing technical operations that Pousttchi has already employed in other works precisely as an index of the secondary temporality of the images - in the same way that filmed TV images in movies always have striating lines running through them. Nonetheless, the images have a powerful reality effect. That effect is based in part on the fact that we are now accustomed to temporary facades and recognize that their transient character doesn't really signal change. At the same time, however, it also stems from the disconcerting realization that no other building in this area can any longer claim to be anything but a fleeting embodiment of ideology since the Palast der Republik was demolished: an event in which ideology faced off against ideology to create a set of architectural "facts on the ground."

Thus, once our bicycle rider had caught sight of the so-called

Temporäre Kunsthalle, completely covered by Pousttchi with altered black-and-white photographs of the demolished Palast der Republik and thus made to resemble a scaled-down Palast der Republik (the building that is obviously missing from the whole ensemble), all the other buildings also seemed to turn into alienated versions of themselves. The strenuously simulated simultaneity of Prussian-German continuity and the German-Euro-global present that characterizes the entire scene mutated into a theme-park-like dreamland. The dream that is being dreamed here, however, is not the product of an actively repressing, sublimating, and condensing unconscious mind. On the contrary, it is a dream decreed in full consciousness by new German strategies of presentability. The fact that the ideological substrate of Berlin's Mitte neighborhood now appears as an explicitly ordered dream - which soon collapsed amid the spluttering and flaring of a psychedelic fairy-tale ambience as the bicyclist moved into the bus lane next to Humboldt University - is not the only merit of the above-mentioned work, which bears the title *Echo.*

In their installation-oriented phase, the visual arts not only raise in a new way the question of the space of art,[1] as has often been observed, but interestingly also that of time.[2] Phenomenological and psychological notions of time as well as those of technology and physics overlap with those of the philosophies of history and the diagnosis of the present. Thus, in an installation, the amount of time one spends before an object is newly determined by the fact that the exhibited objects themselves (for example, video installations) unfold in time and call for different time-management decisions on the part of the recipient than would a visit to a classical painting gallery. Yet precisely this - in recent years - increased preoccupation with the a prioris of reception has also been able to thematize time as the medium of historicity in a different manner from the arts of citation, appropriation, and reenactment. The latter concentrate on deconstructing the institutions of the original, the creator, and the artist subject, and thus place the focus on the doubtfulness and relativity of production

primarily in reference to the dubiousness of the modernist logic of progress. The former, by contrast, has frequently been able to investigate processes of reception in such a manner that the relationship between the temporality and processuality of reception on the one hand and, on the other, the historicity of that which is recognized as finished and known - or hollow - also became clear.

Now, Bettina Pousttchi's work *Echo* explicitly regards itself as a photo installation, despite the fact that it is not mounted inside the Kunsthalle but covers it from without. Nevertheless, it treats an exhibition space by treating its skin; thus, it would seem to belong to the tradition of institution-critical interventions that directly address the architecture of exhibition spaces. At the same time, however, this art gallery is one that, right from the start, takes the wind out of the sails of one of the objections usually voiced by such institutional critique. It does so by, as it were, freely conceding its temporary character and thus marking - and apparently putting up for discussion - the tacit assumptions underlying institutional power, which artists like Michael Asher have been able to localize within the architecture and interior design of art institutions. Thus, one cannot point out from within this gallery what it is institutionally; one must do so from without, in relation to the buildings that surround it. Post-authoritarian institutional power is still institutional power, but it is no longer authoritarian. Rather, it freely invests the function of the variable in relation to the constant (within the cityscape), of commentary in relation to a text (in the reception of art), etc., with a (new) institutional function: while one can (and should) criticize this function, one must do so in a different manner from old institutional critique. Nevertheless, it can't be done without alluding not only to these changed conditions, but also to the - again - changed conditions of critique, this time changed by the simple fact that this critique is one that is based on predecessors. This Pousttchi does in the sense that, while she thematizes the building as a placeholder for the institution à la Asher, she no longer attacks the hardware of the architecture but the cultural software of the representation and the differential semiotics of urban scenes.

It should, in passing, be pointed out that this work brings together precisely the two fields in which Bettina Pousttchi generally works (and not without an awareness of their traditions): sculpture and photography. The photo installation turns its creatively altered prop - the architecture of the art gallery - into a sculpture. But the fact that that sculpture, at least in the temporality of the bicycle rider's attention, looks like a building, means that now all the other buildings too can only be read as sculptures. For as soon as at least one item in a series of signifying elements introduces the possibility of assigning the entire series to a different ontology, that possibility is considered by the observers, at least in passing.

The word *temporär*, or "temporary," also means passing, but it remains indifferent vis-à-vis the conditions of that passing (historical processes, natural disasters, etc.). It does not say when and under what conditions something passes, when it will be past and under what conditions. Other architecture - for example, classical museum buildings - always indicates precisely when it was begun and often when it was remodeled and refounded, but never when or even that it will pass away. The Palast der Republik too spoke only of its beginning and not of its possible end or of its predecessors. This at least *was* done by the Museum für deutsche Geschichte (Museum of German History) in the GDR era: a plaque at the museum's entrance pointed to the fact that it had previously been the museum for the "glorification of Prussian-German imperialism." A "temporäre Kunsthalle," or "temporary art gallery," says something like this: I stand for the ideology of freedom from ideology. I produce meaning, but only secondarily, with regard to something else; if the historically authoritative gaze looks at me too long, I'll already be gone. This is precisely the state of affairs that seems to have given rise to the idea of making the Temporäre Kunsthalle resemble an antagonistic structure, the Palast der Republik, which sought to face that very gaze and perished in the process.

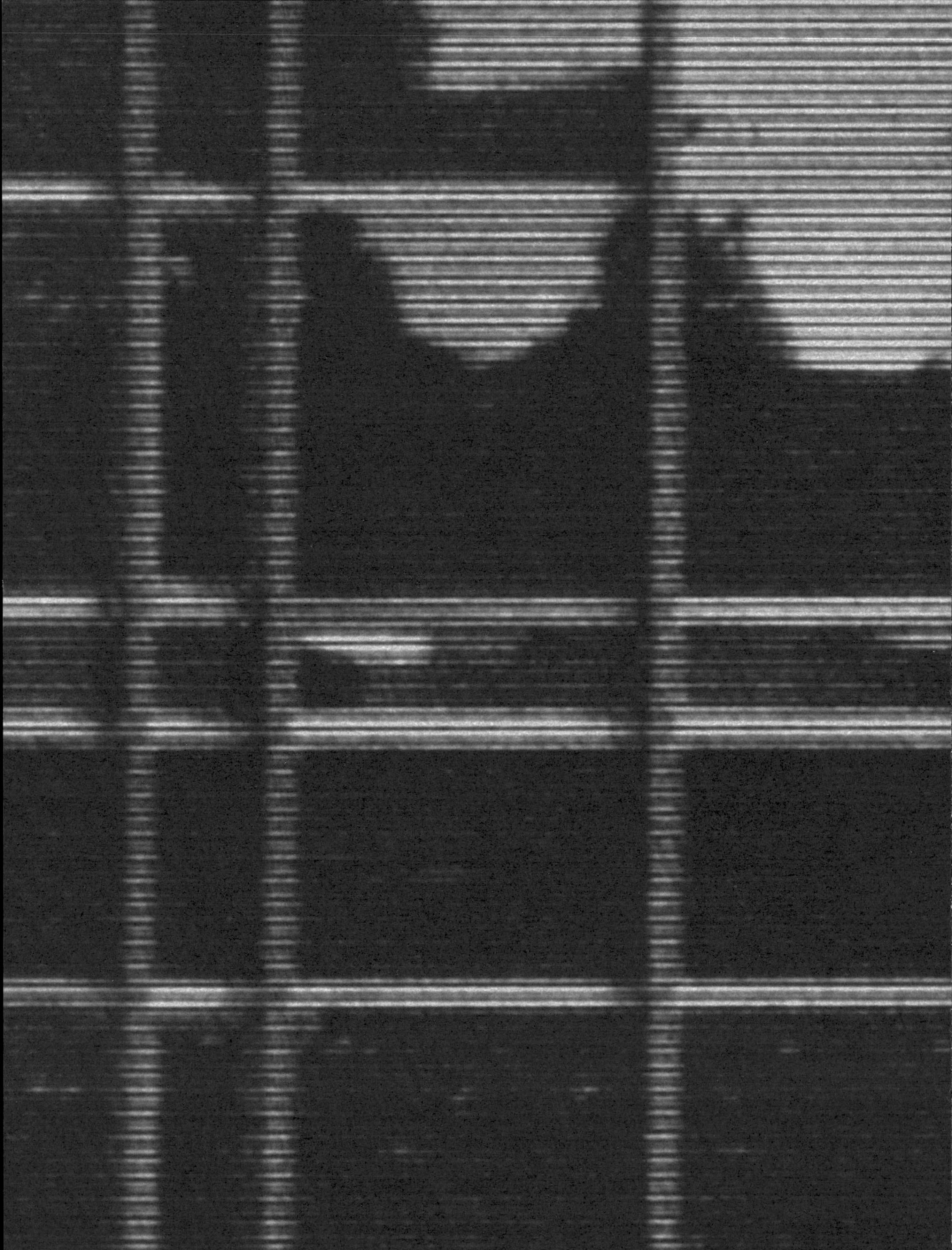

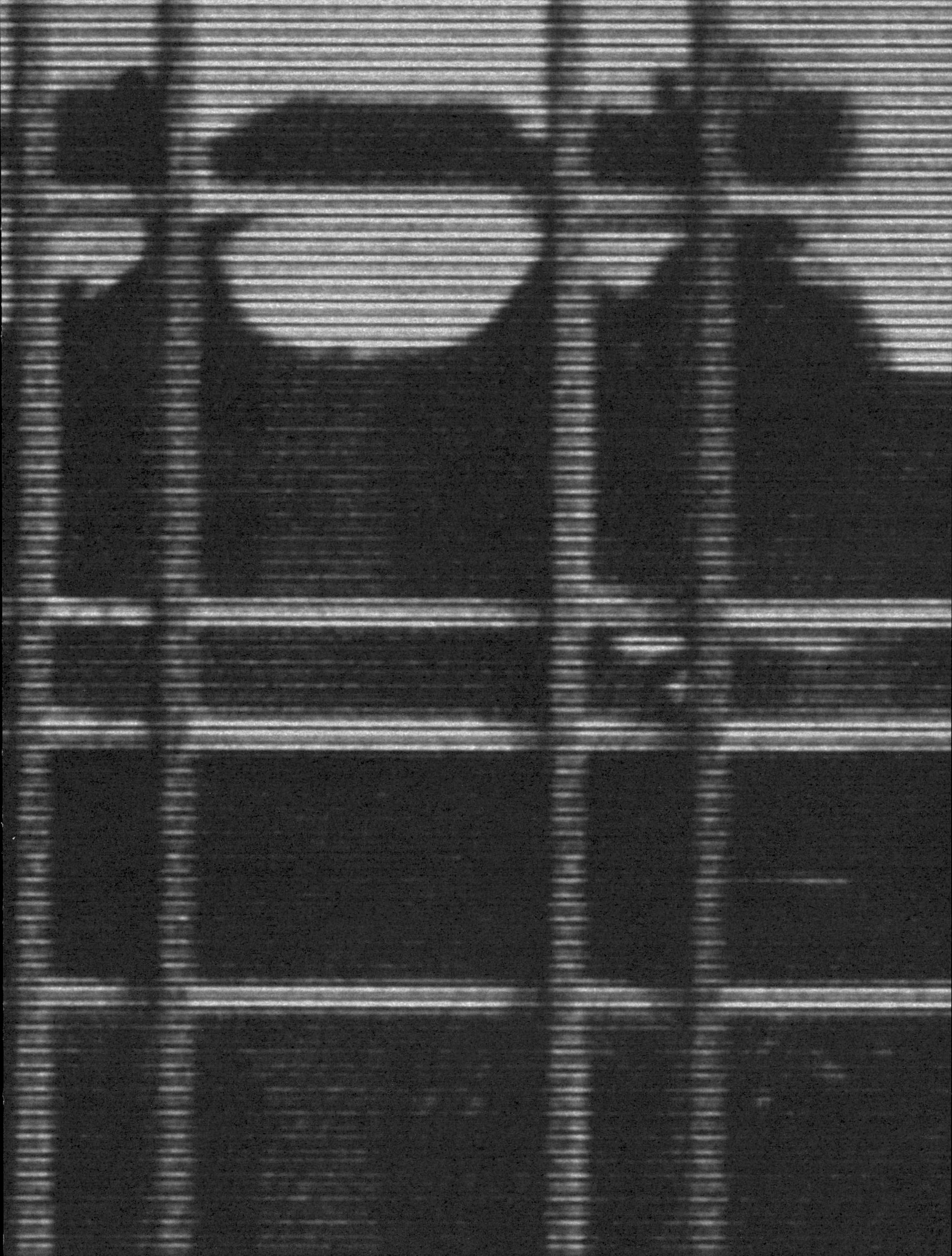

The temporal and time-bound character of architectural plans and decisions and the interaction with them on the part of the broad and varied public - who are in every respect a heterogeneous and bewildering mass of recipients who either use buildings actively or let them pass by in the background as constants of everyday life and whose spirits are either lifted or depressed by them - have also been set in motion, just as they are with interior installations. Classically, constancy and the assertion of continuity in architecture is a means of mystification similar to change and variety in industrialized entertainment. The antidotes have always been marking interventions, temporary structures and extensions, just as, conversely, duration and drone, extreme length, open ends, etc. were means by which the arts combated the aesthetic of standardized sequences, the daily drifting past of moving images and music. Today, however, the temporary facade, the outdoor projection, the free and open embrace of a state of perpetual reconstruction have themselves become a permanent state of affairs, a connecting link in the consumption of architecture and the city, which effectively takes the gaps between the signature buildings as its canvas.

Bettina Pousttchi's *Echo* covers the exterior of a building that, in its anticipatory zeal to confess, rushes to concede its own temporality and impermanence, yet inside of which works have been exhibited that sought to reorganize the temporality of the art object in keeping with new technologies, new genres, new aesthetic projects, and new fashions. The Temporäre Kunsthalle in Berlin is not the first and not the only building in which the inner and outer reorganization of the temporality of art and architecture meet. Nor is Bettina Pousttchi the only artist to take up these two aspects of a new thematization of temporality. But this constellation in the middle of new old Berlin - a city that so aggressively and ostentatiously purports to be the theater of history - confronts the technical, medial, and artistic (or urbanistic, economic, and political) problematic with its normally excluded third term: history. Conversely, however, it also places an obstacle in the path of those who would like to take renewed command of history as an interplay of constant and variable in which only those who are currently in power determine what the constant is and what it represents, and what the variable is.

What the word "temporary" leaves casually unspoken is the reason why something passes, its limit. It counters the limit with an eternal relationship between constancy (true German history) and variability (commentaries, buildings that come and go); incontestable nationality and revisable aberrations (the GDR and according to the same logic: National Socialism). In this way, it is denied both that National Socialism disavowed Prussia beyond recall as well as that the (failed) attempts of the GDR to establish another Germany actually took place and created indisputable facts. In the case of biological life, the limit is set by death; in that of political life, it is set by historical upheavals that not only cannot be denied but must always be assessed, of course always provisionally. The new balance between the assertion of an eternal phenomenon of the German (the Stadtschloss, or City Palace) and a postmodern, eternally fluctuating stream of entertaining commentary that operates with all kinds of temporary phenomena seeks to dodge this necessity. Bettina Pousttchi has assigned a special place in her photo installation to the measurement of time: a big clock stands at the spot where the national emblem of the GDR was formerly displayed, constructed from its elements, hammer and compass. Another clock on the back of the building, which was also not present in the original, shows a different time. Thus, *Echo* expresses the key unspoken element, the relationship between this new German construction and the real historical state of affairs. It provides the answer to the question: what time is it?

1 Comp. Michaela Ott, "Ästhetik/Kunstgeschichte," in *Raumwissenschaften*, ed. Stephan Günzel (Frankfurt am Main: Suhrkamp, 2009), 14-29.
2 Comp. Juliane Rebentisch, *Ästhetik der Installation* (Frankfurt am Main: Suhrkamp, 2003), 146ff.

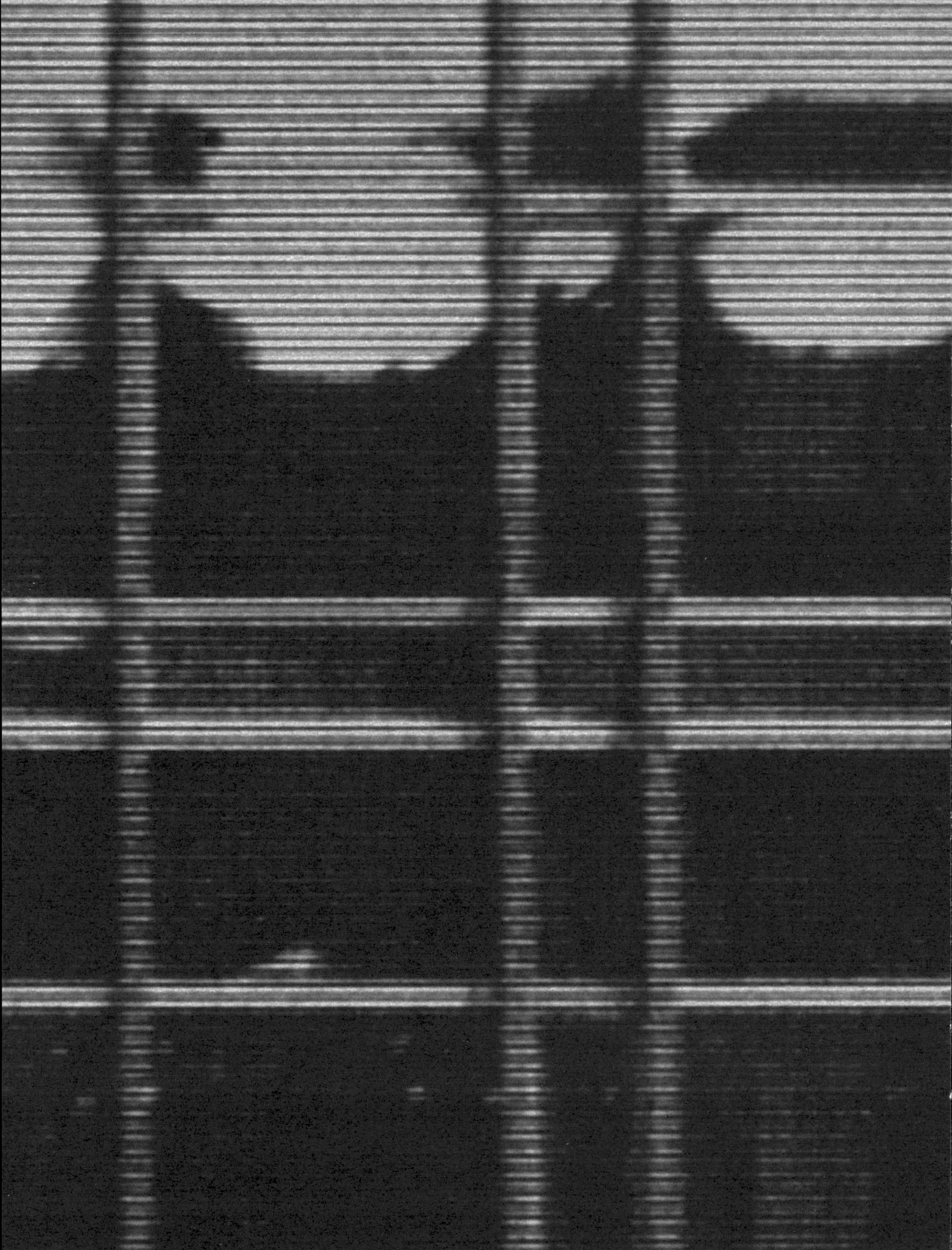

Bettina Pousttchi
Sculpture Project Echo 01-22
(970 paper posters on the facade of Temporäre Kunsthalle Berlin)
photographs, 2009/2010
115 x 165 cm

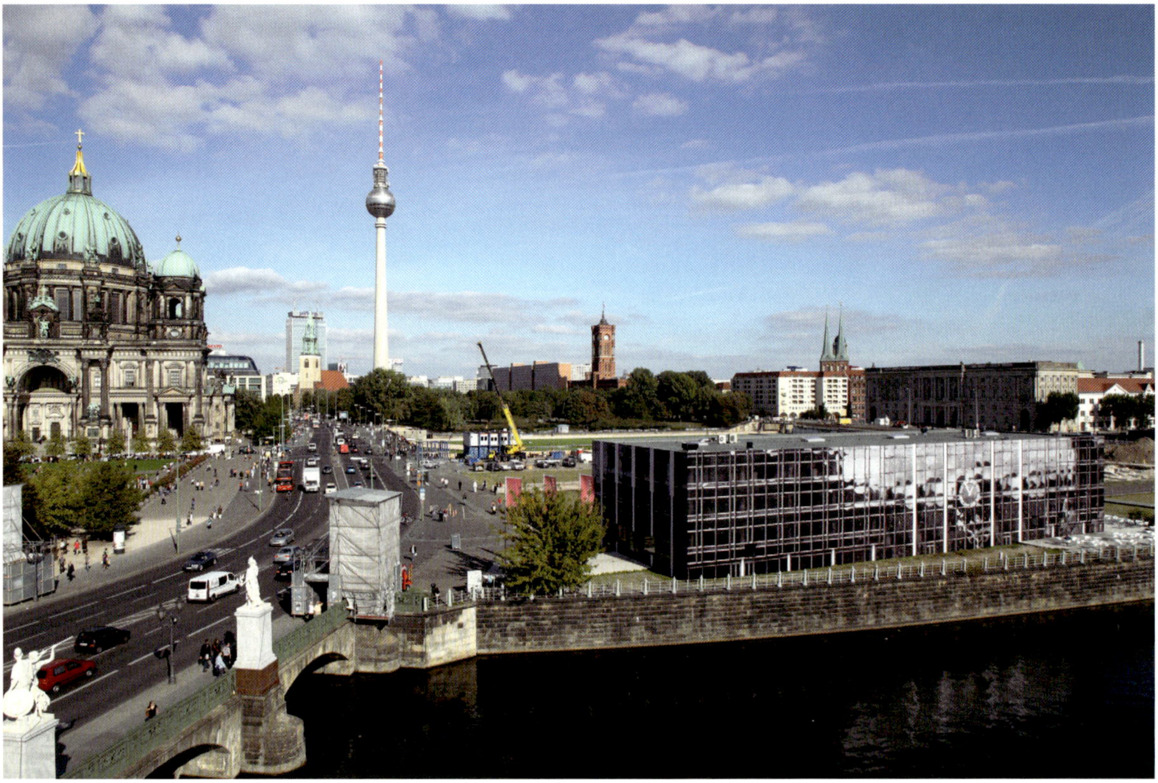

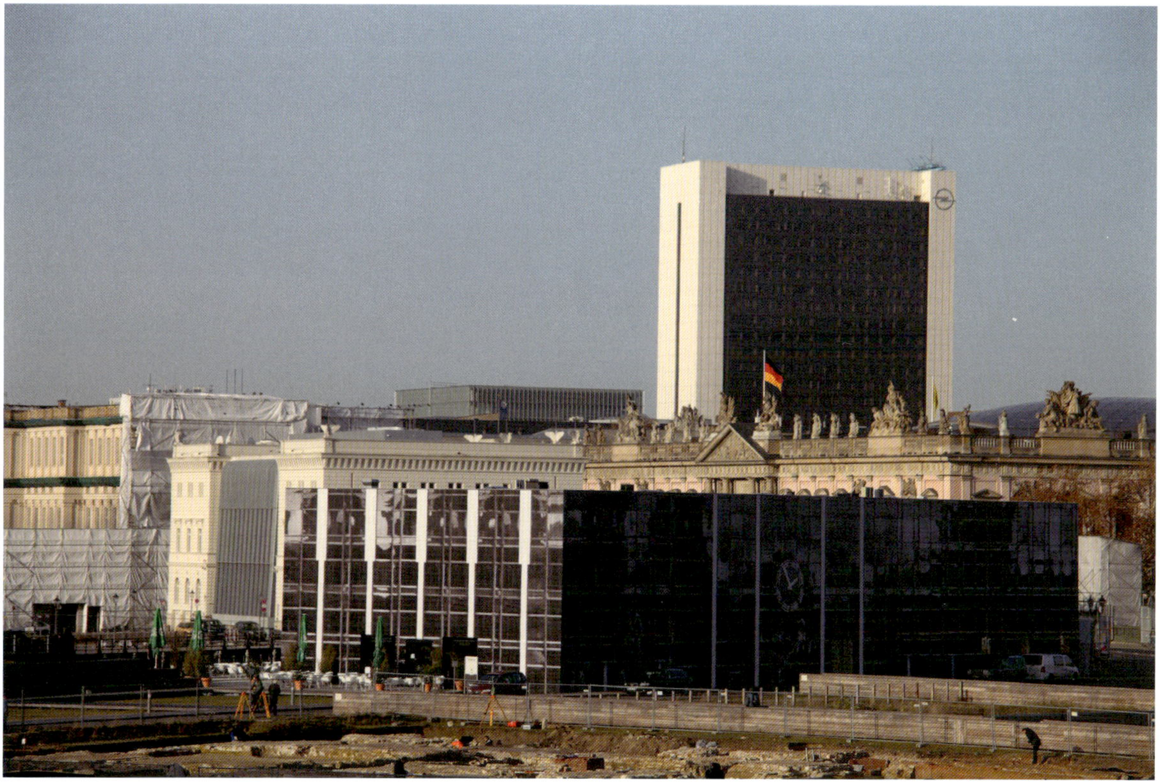

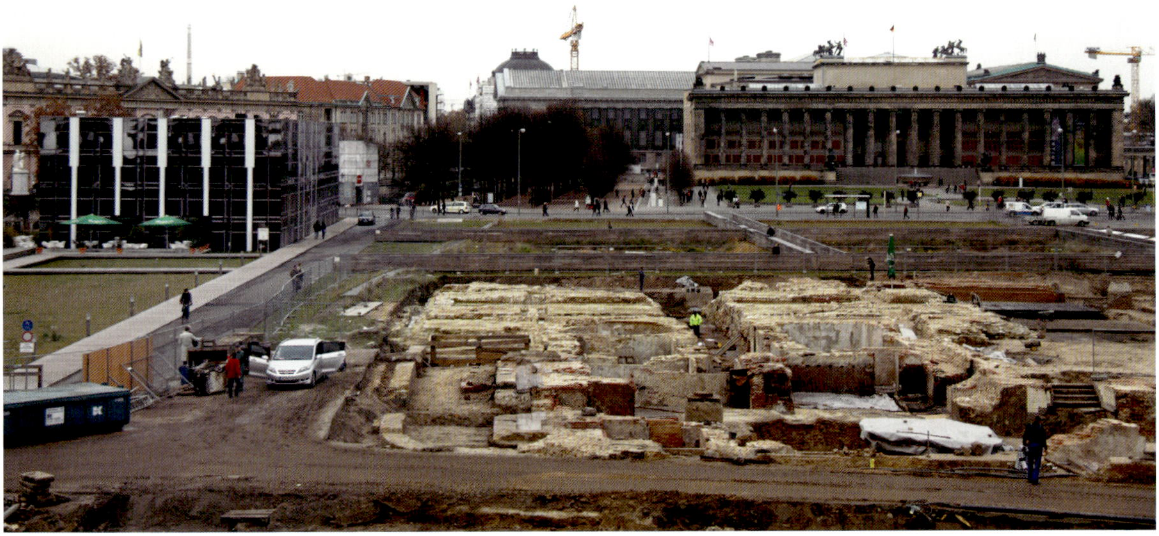

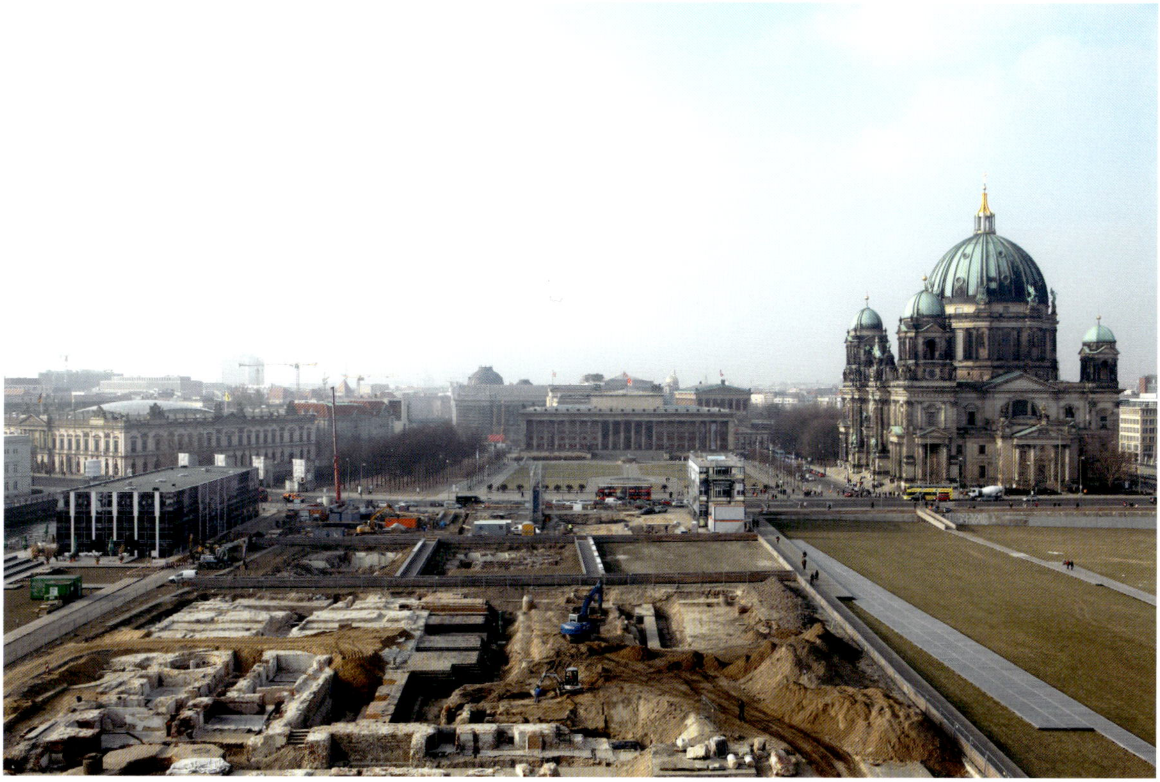

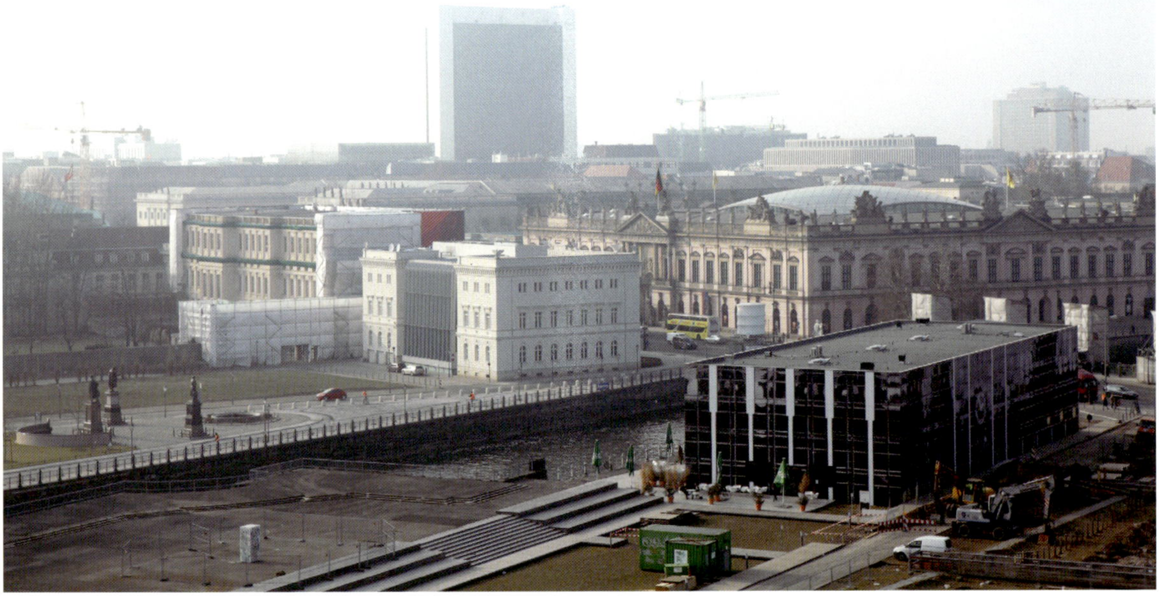

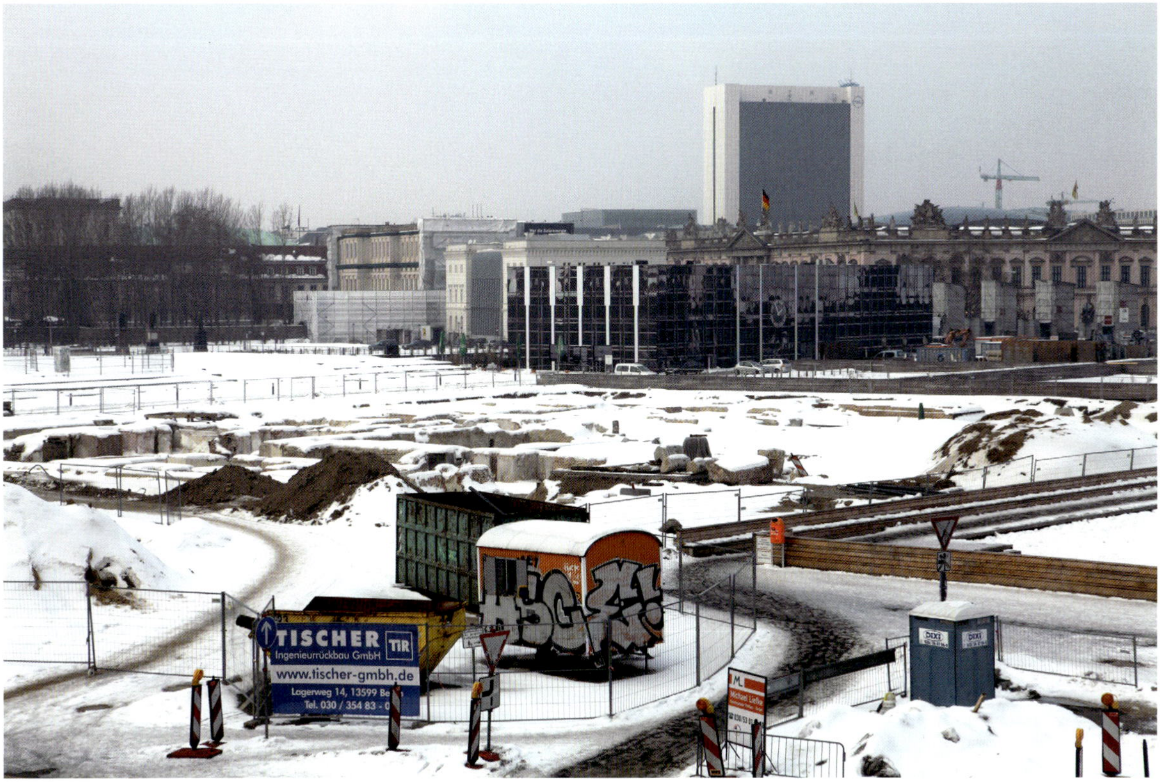
TISCHER
TIR
Ingenieurrückbau GmbH
www.tischer-gmbh.de

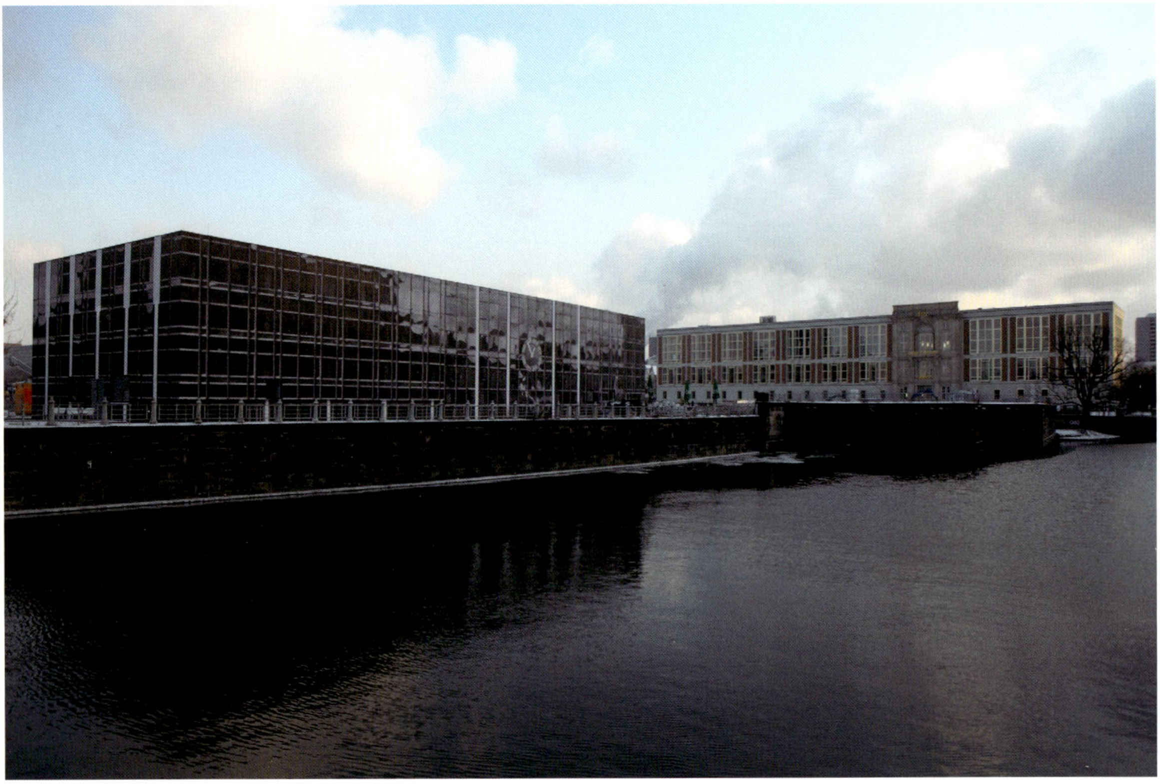

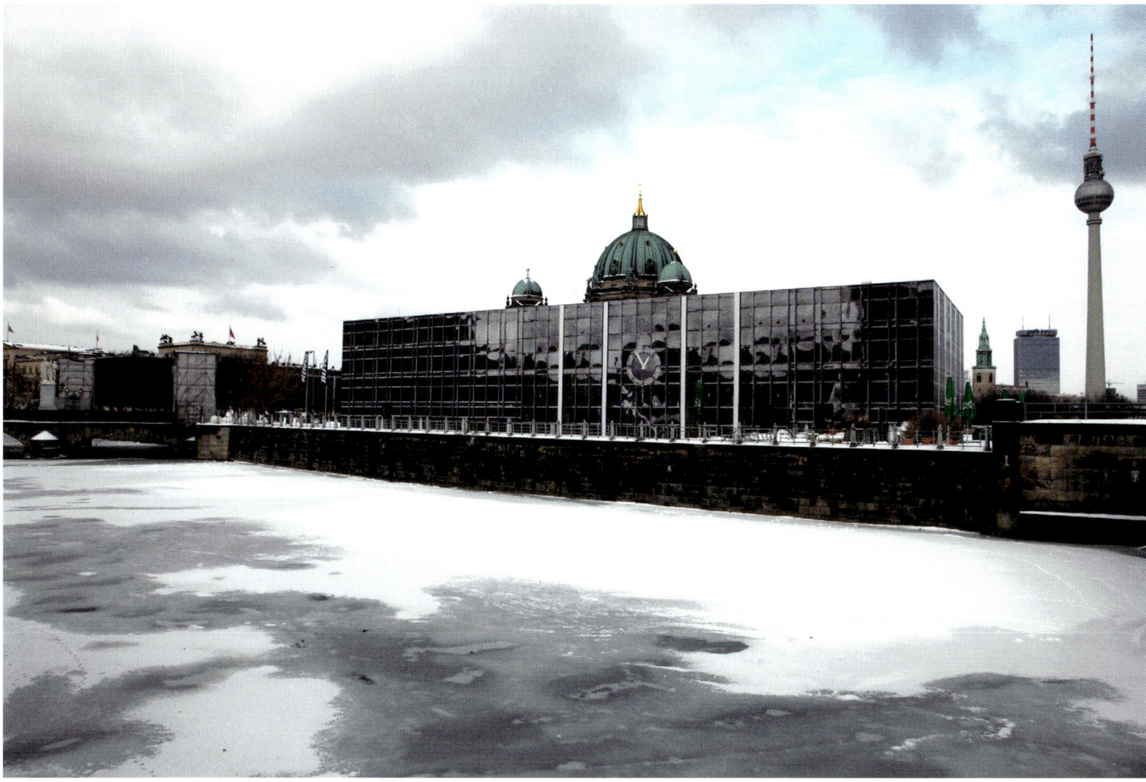

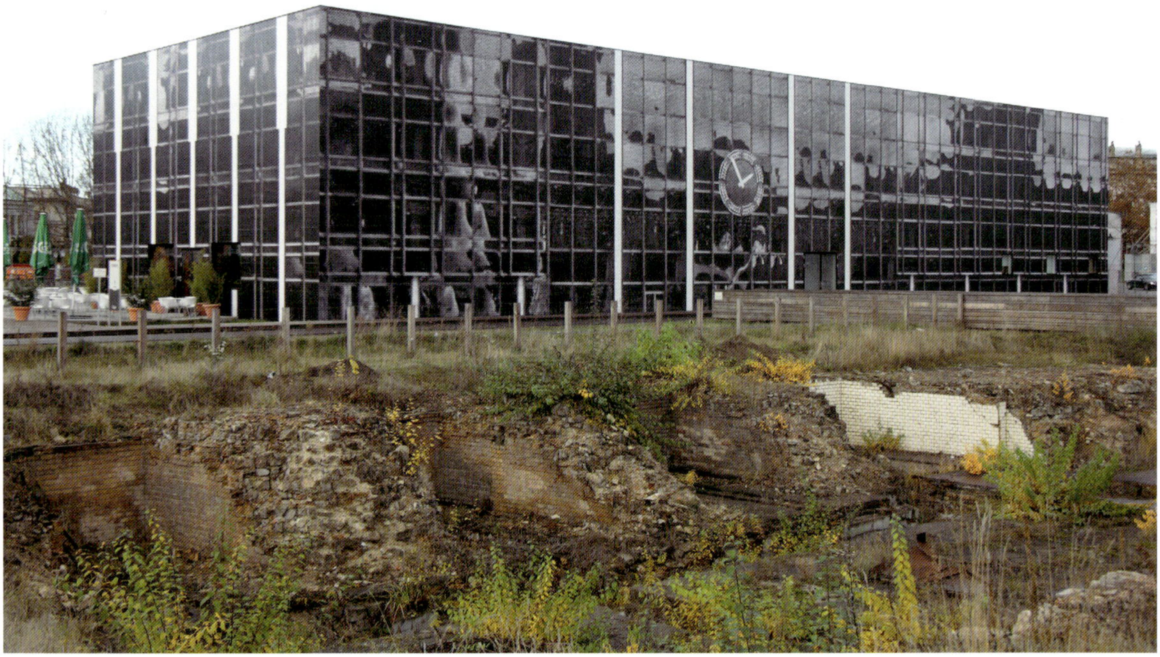

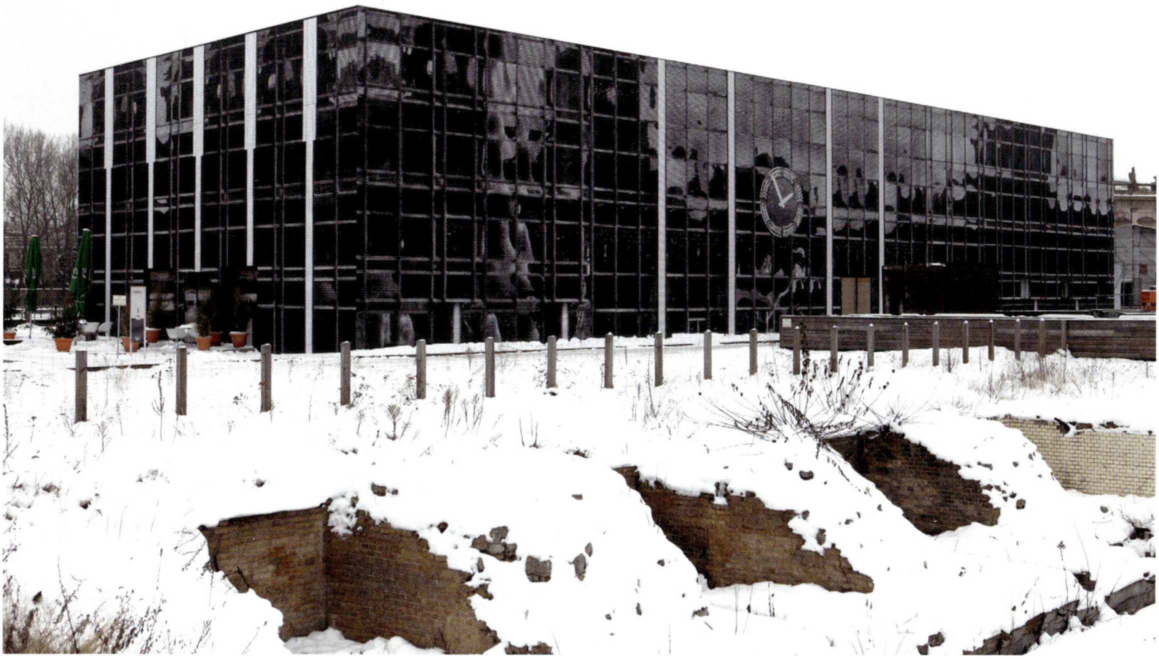

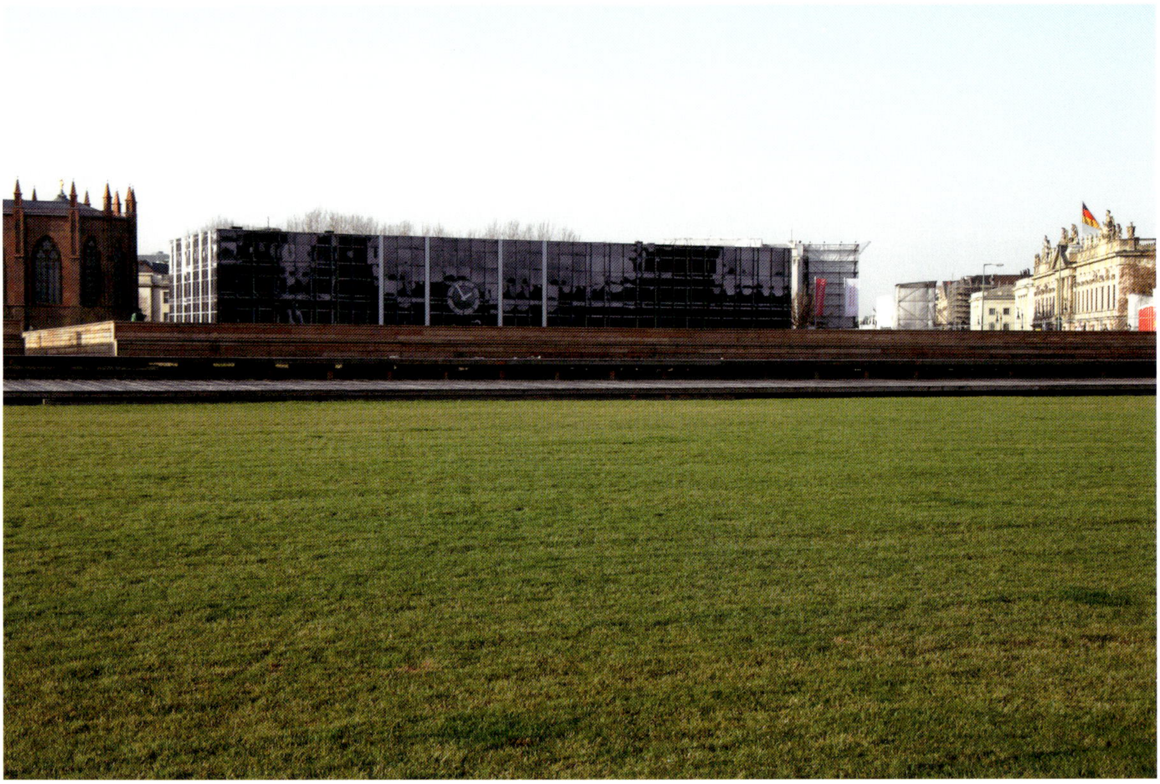

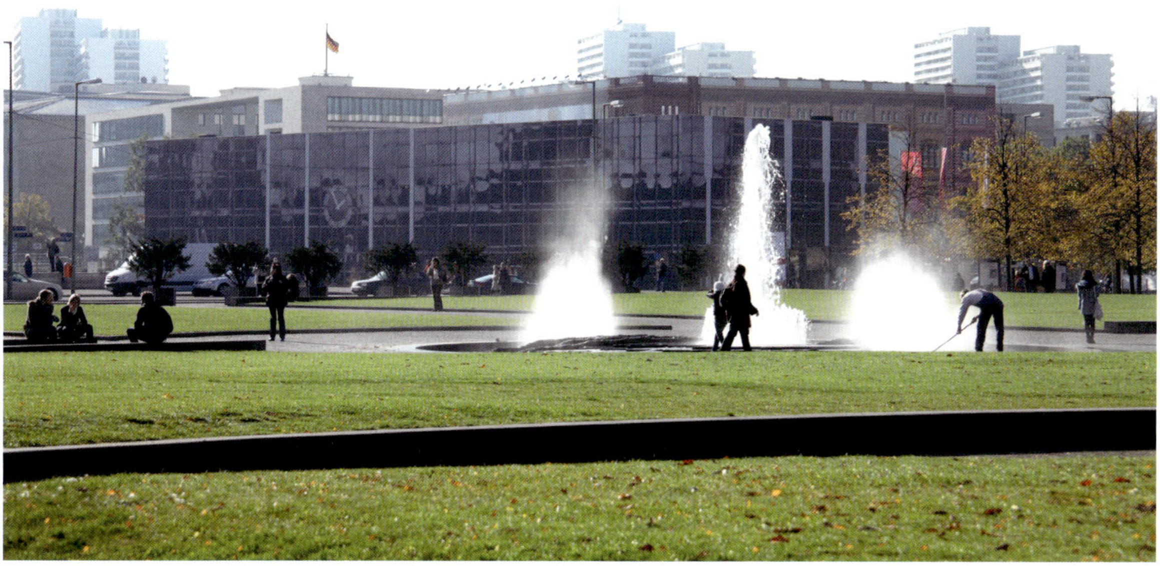

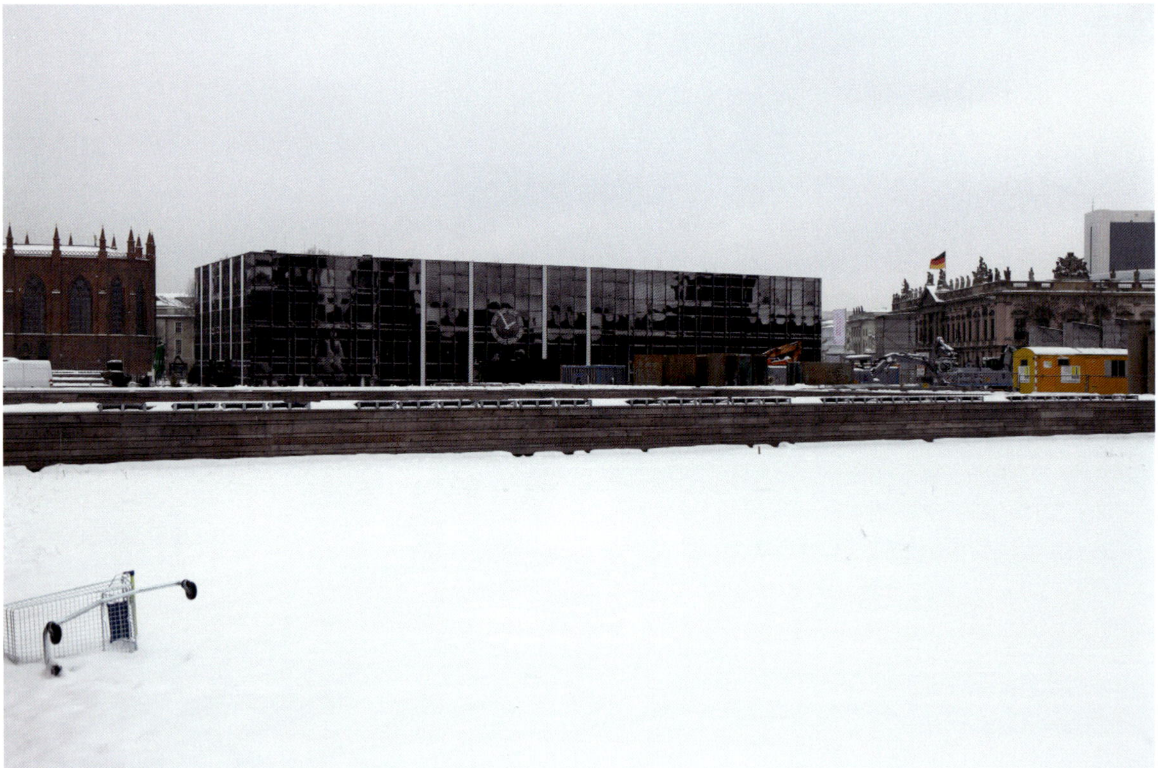

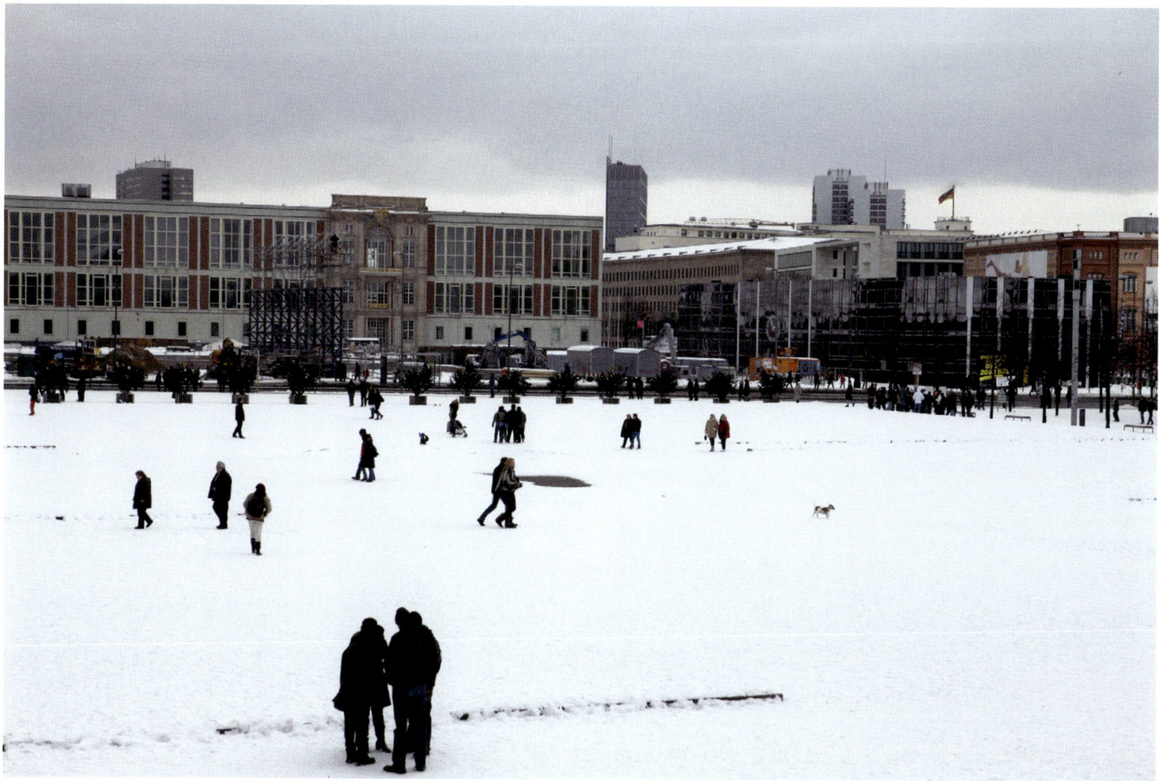

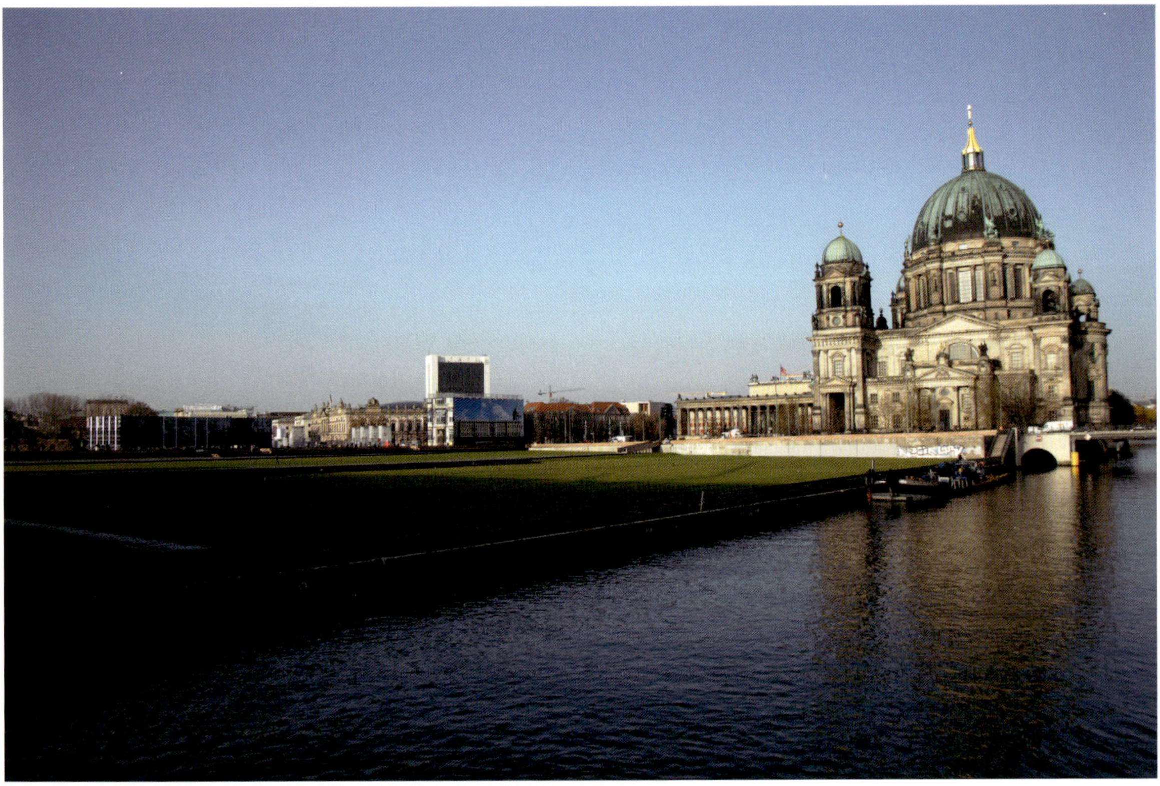

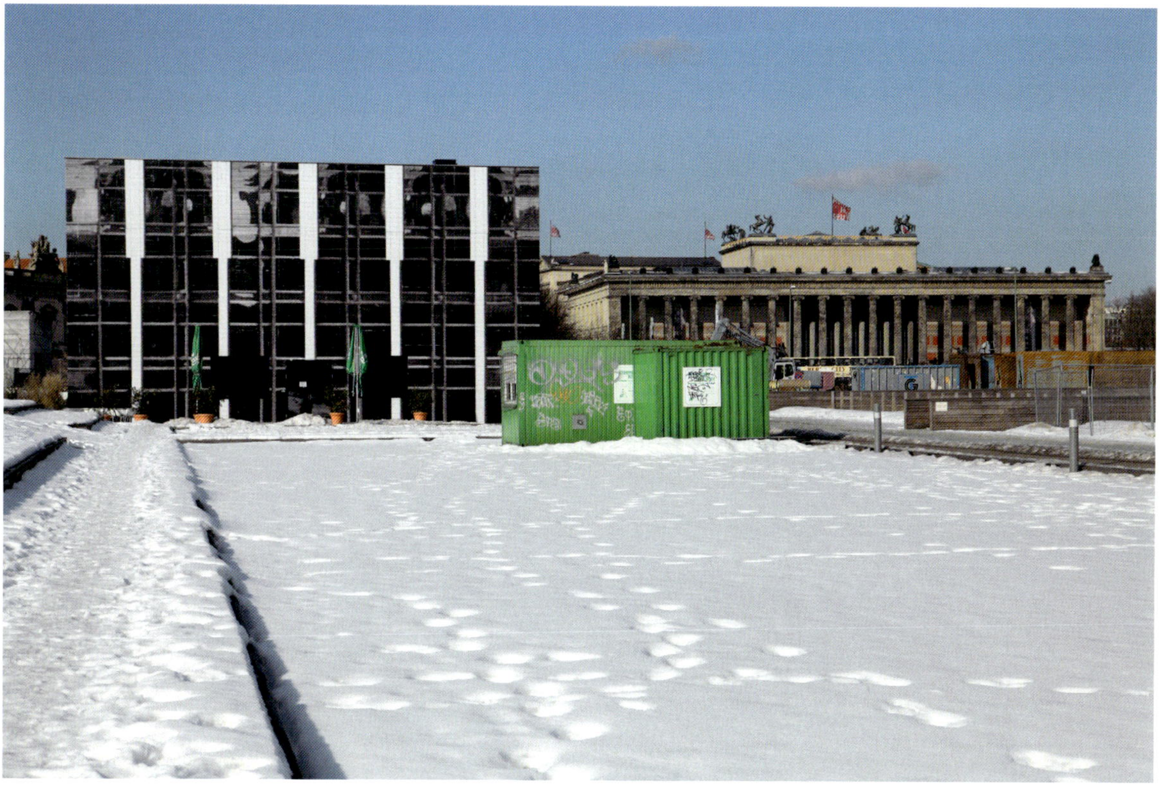

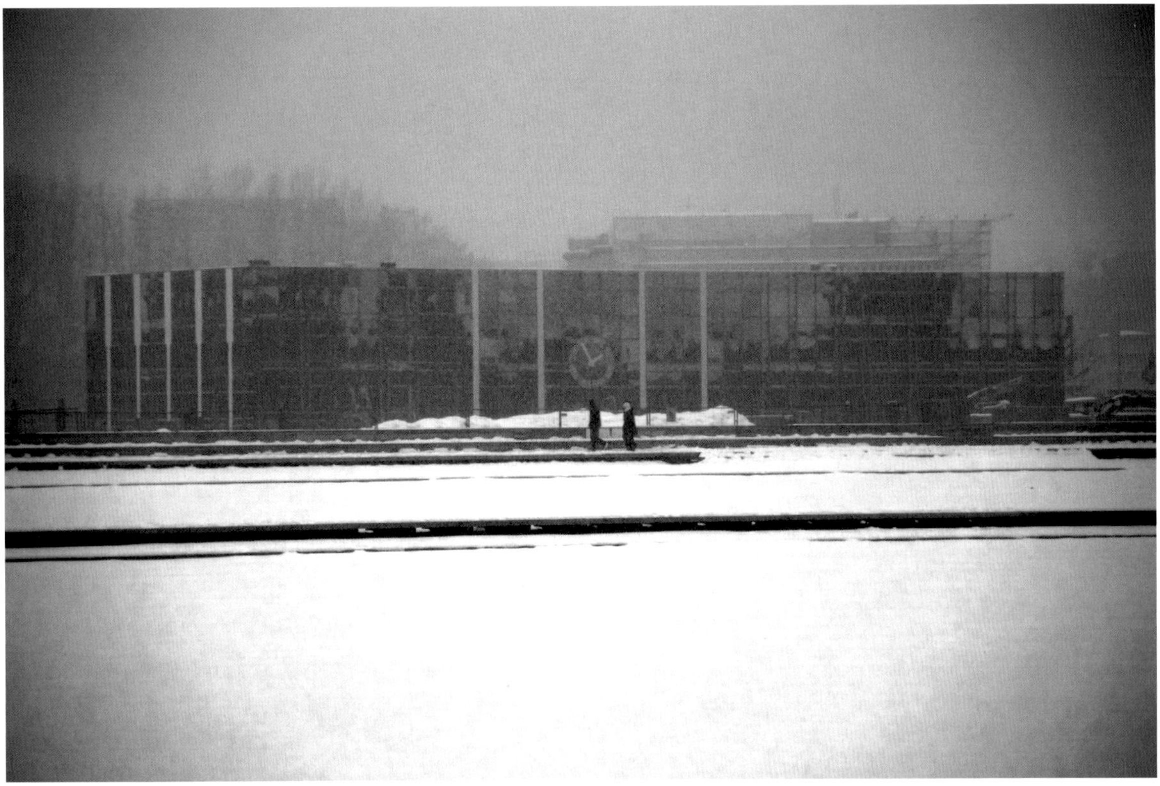

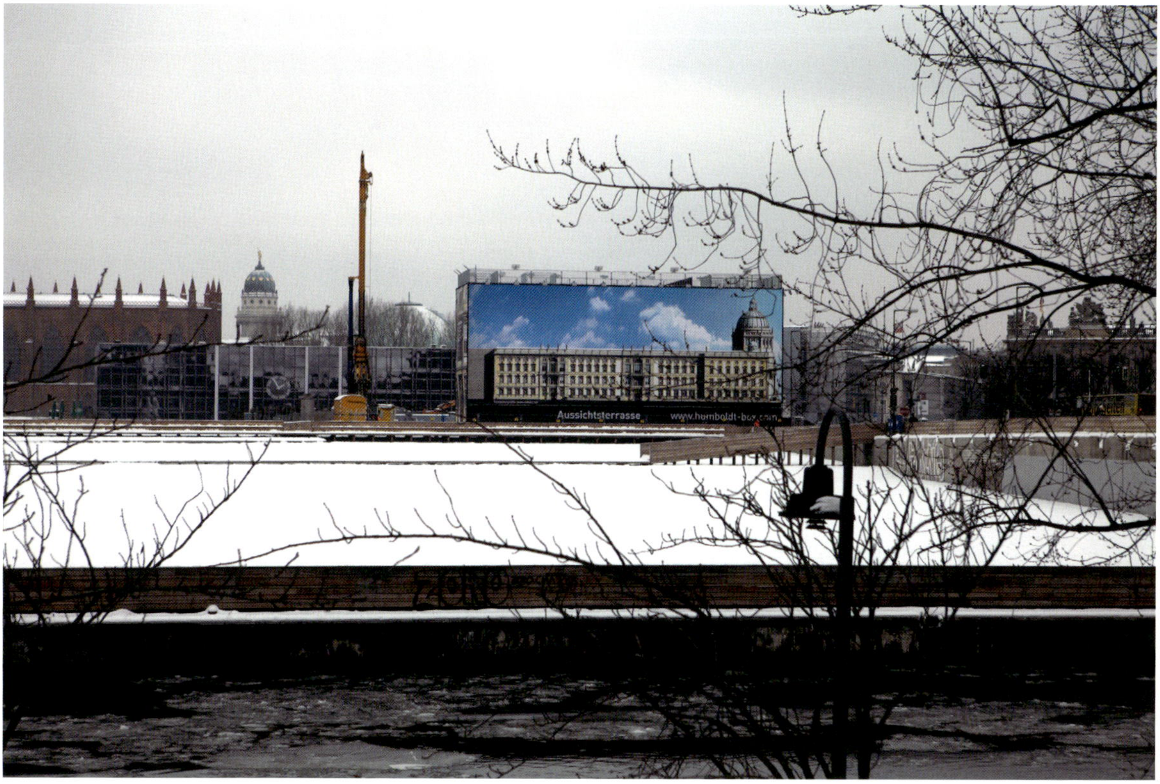
Aussichtsterrasse

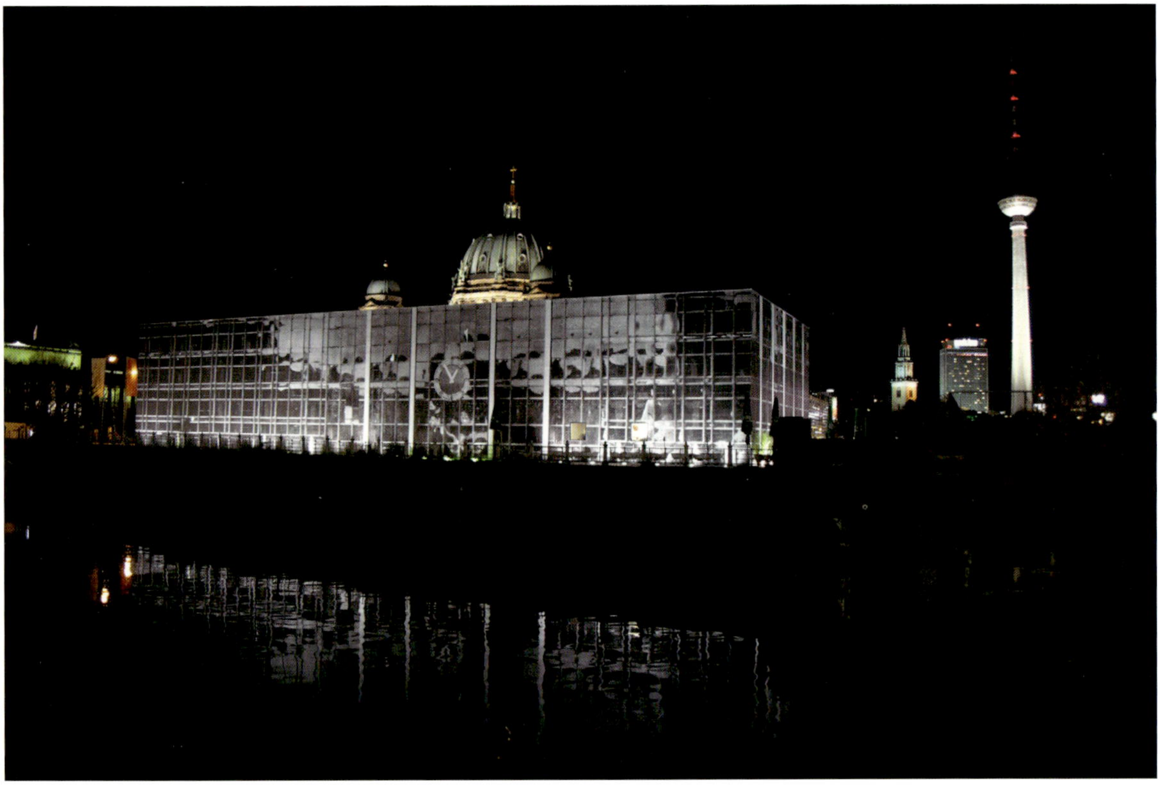

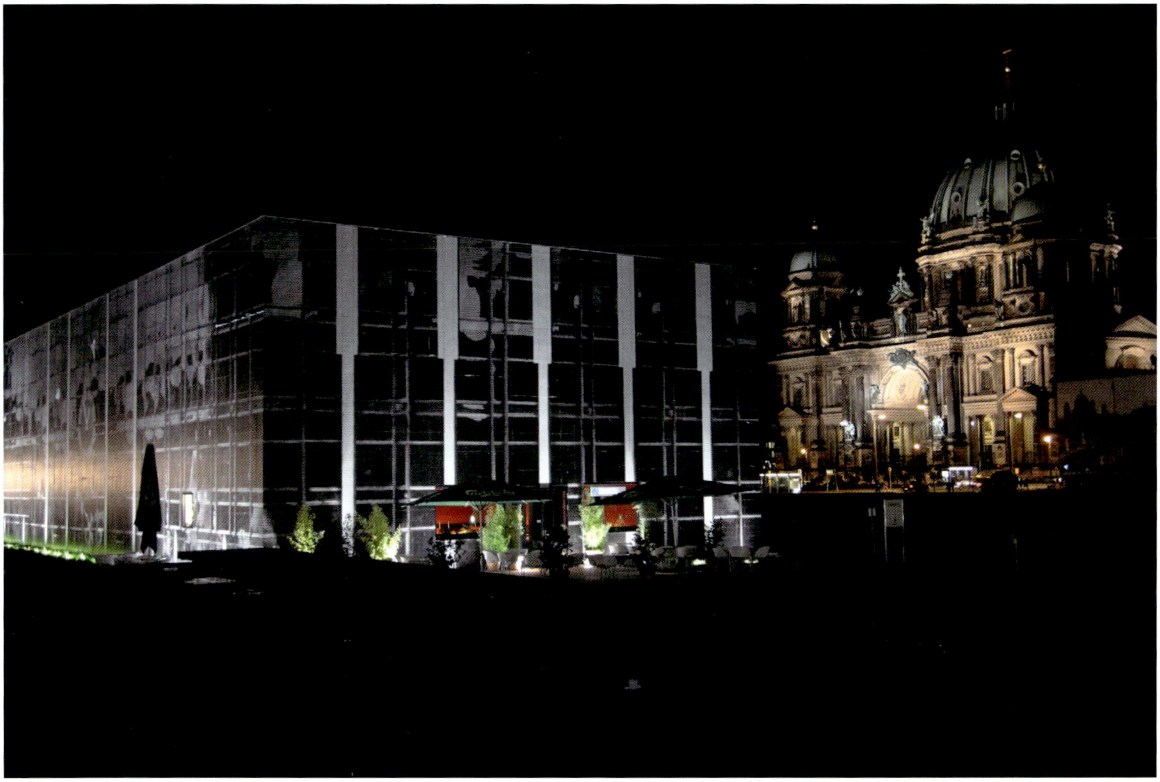

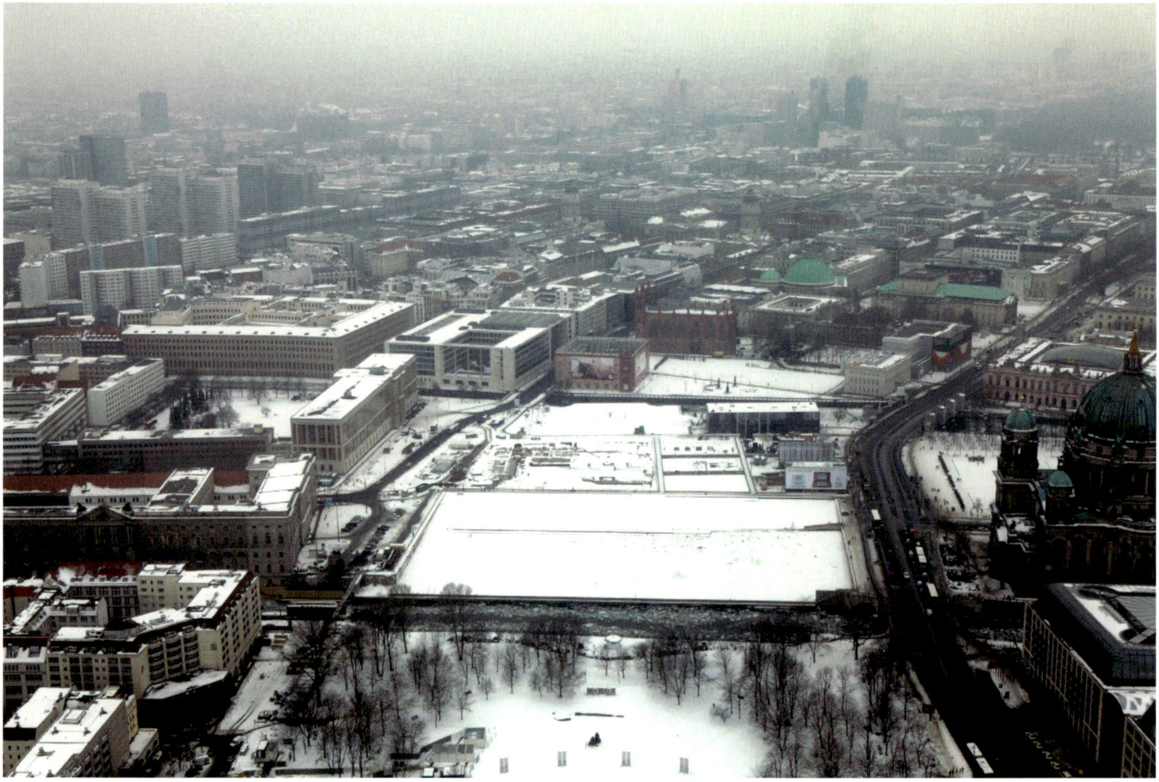

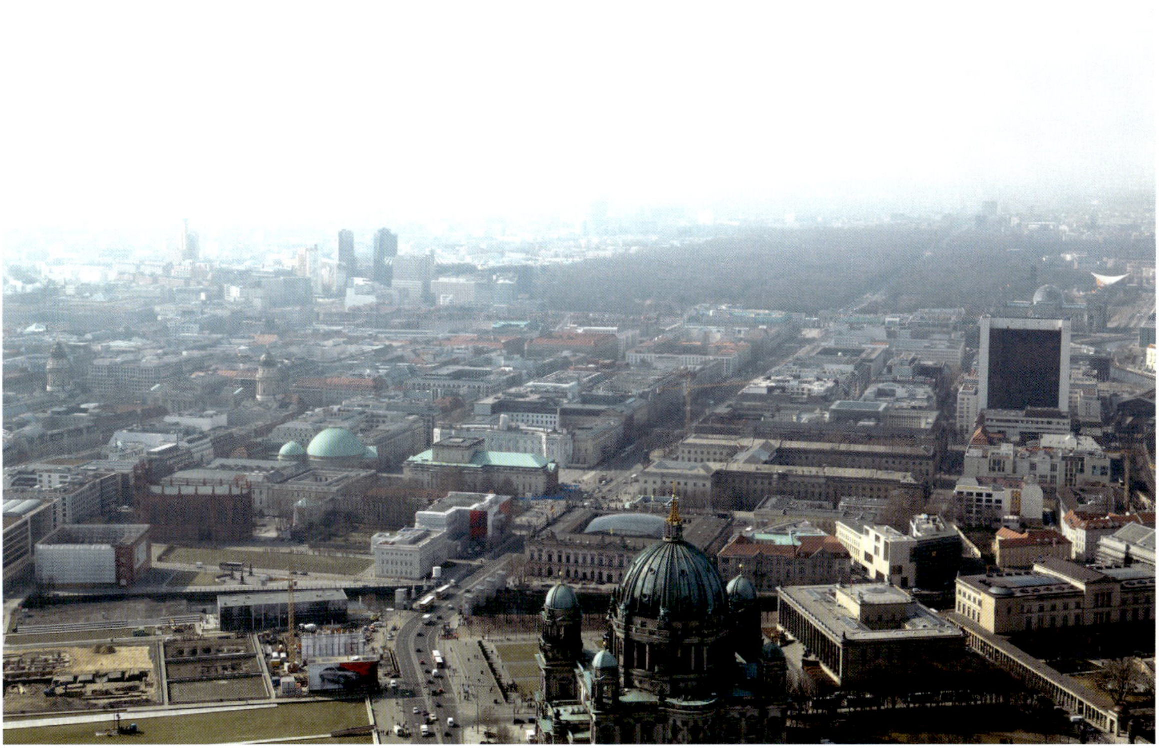

Vom fotografischen Fortleben des Palastes der Republik

Esther Ruelfs

In einem frühen Text zur Fotografie beschreibt Oliver Wendell Holmes diese als „Spiegel mit Gedächtnis".[1] Die Vorstellung der Fotografie als Gedächtnismedium beruht auf der automatischen Aufzeichnung des Lichtes, der Selbstdarstellung der Natur. Der „pencil of nature"[2], wie William Henry Fox Talbot es 1844/46 nannte, registriert scheinbar in ‚unnachahmlicher Treue' alle Details.

Der erste fotografische Projektentwurf zur Installation *Echo* von Bettina Pousttchi (Abb.S.60) erinnert an jene Fotografien des 19. Jahrhunderts, die Wendell Holmes im Blick hatte. Vielleicht sind es die „Stockflecken" auf der Wasserfläche unterhalb der Ufermauer der Spree, und wahrscheinlich ist es die Stille und Zeitlosigkeit, die das Bild ausstrahlt: keine Passanten, keine Autos oder Fahrräder, keine Bistrostühle weit und breit. Ein wenig wie auf den Aufnahmen aus der Frühzeit der Fotografie, auf denen alle beweglichen Objekte aufgrund der langen Belichtungszeiten unsichtbar bleiben. Der Himmel immer wolkenlos.

Der erste Eindruck findet eine Bestätigung im ästhetischen Verfahren: Die Installation *Echo* nahm ihren Ausgangspunkt im Archiv. Die Künstlerin besuchte während ihrer Vorbereitungen für die Arbeit an der Außenfassade der Temporären Kunsthalle Berlin sogar zahlreiche Archive. Sie recherchierte digitale Bilder in den Internetdatenbanken der Nachrichtenagenturen, und sie zog dokumentarische Architektur- oder Messbildfotografien heran, die als Auftragsaufnahmen für die Planungsbehörden und den Denkmalschutz entstanden sind und in historischen Archiven lagern. Sie besuchte vor allem das Baukunstarchiv der Akademie der Künste, das den Nachlass von Heinz Graffunder, dem Architekten des Palastes der Republik verwahrt, und sie griff auf Bilder zurück, die in der Kette propagandistisch-publizistischer Verwertung in West und Ost als Illustrationen die Bildbände der 1970er Jahre füllen. Dabei interessierte sie sich nicht für das einzelne Bild, das zwischen Baubeginn 1973 und dem Abriss entstanden ist, sondern für das, was Michel

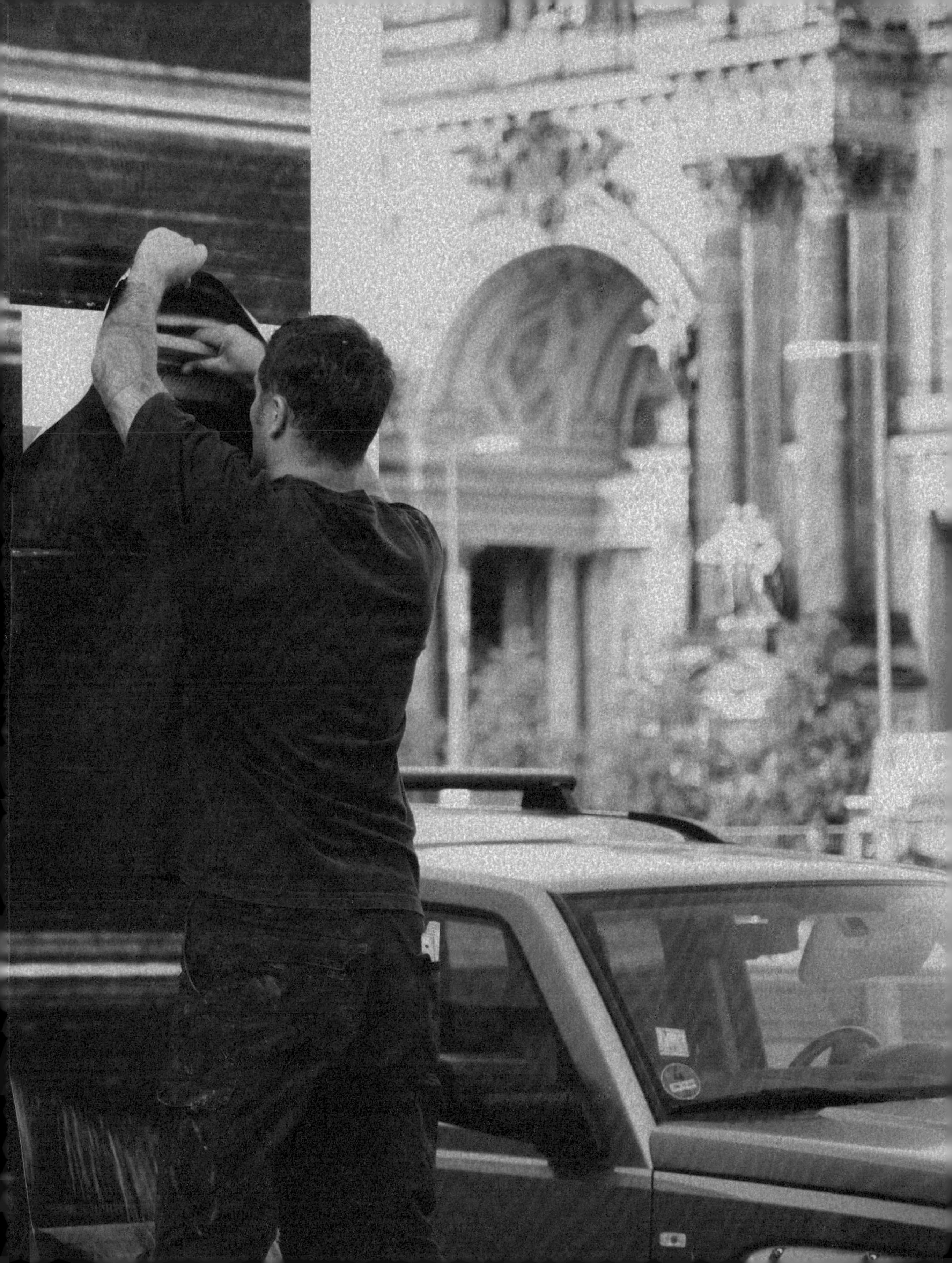

Foucault als die Ordnung des Archivs beschrieben hat. Die machtvolle Regel, die setzt, was an einem bestimmten Ort über eine bestimmte Sache von wem gesagt und nicht gesagt werden kann, die Ordnung des Diskurses. Welche Ansichten sind es, die für das offizielle Bild des Palastes ausgewählt werden, in welchem Ausschnitt wird der Palast ins Bild gesetzt, wie produzieren die Fotografien den Wiedererkennungswert und die Ikonizität dieses Kollektivsymbols (Abb.S.69,85)?

Dementsprechend hat Pousttchi nicht eine konkrete Aufnahme zum Ausgangspunkt ihrer Arbeit gewählt, sondern aus der Vielzahl der Bilder, die sie durchgesehen hat, bestimmte Strukturmerkmale herauspräpariert. Aus den Aufnahmen hat sie die bildkonstituierenden, konstruktiven Elemente aufgegriffen: das Staatsemblem der DDR auf der Hauptfassade des Palastes, die beiden weißen Verstrebungen rechts und links des Emblems, die Rasterstruktur und die Spiegelungen auf der Glasfläche der Außenhaut des Gebäudes.

Für das fotografische Archivbild und für die Fotografien, deren Aufgabe in der bauhistorischen Dokumentation besteht, ist genregemäß die dokumentarische Neutralität entscheidend: Der

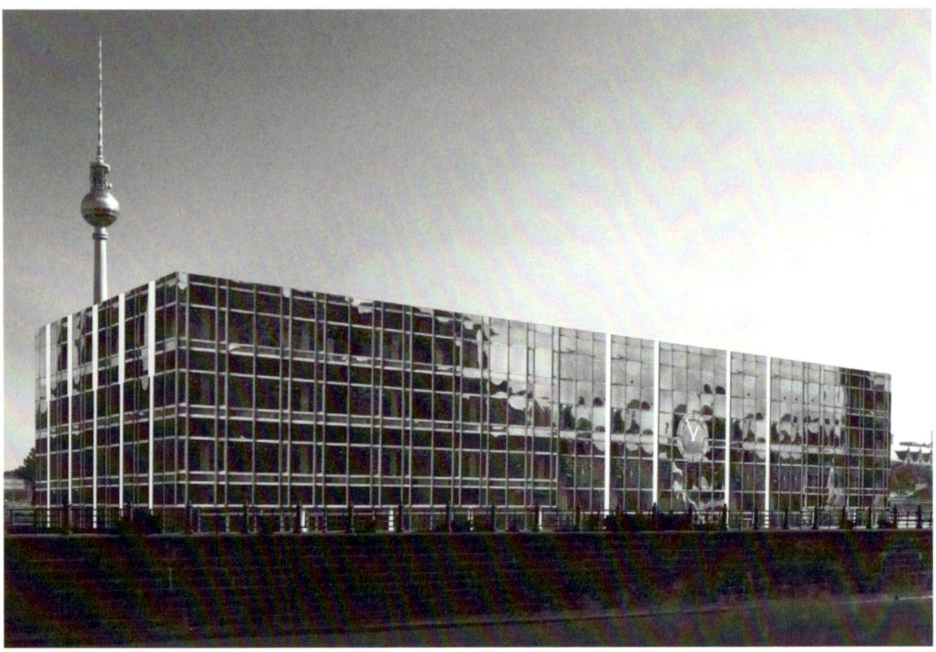

Bettina Pousttchi, *Echo*, 2009, simulation

Gegenstand soll unverfälscht für die Nachwelt festgehalten, die Realität möglichst detailgetreu erinnert werden. An diesem Diskurs orientieren sich viele der Architekturfotografien, die Pousttchi in den verschiedenen Archiven zu sehen bekommen hat.

In ihrer Arbeit lässt die Künstlerin das Paradigma des fotografischen Realismus und des Dokumentarischen jedoch hinter sich. Was sie mit diesen Bildern macht, ist etwas ganz anderes: Konstruieren und Dekonstruieren. Es ist verblüffend, in welchem Maße die Installation die Vorstellung vom Palast der Republik aufleben lässt, obwohl das konstruierte Bild in vielen entscheidenden Punkten vom Bau abweicht.

Zunächst sind die Ausmaße der Kunsthalle wesentlich kleiner als die des Palastes. Die weißen Betonbauteile der Fassade, die den kupferbedampften Glasvorhang wie eine Klammer umfassen, lässt Pousttchi vollkommen wegfallen, ebenso die charakteristische Farbigkeit der bräunlich schimmernden Glasfläche. Das Staatsemblem der DDR, den Ährenkranz mit Hammer und Zirkel, baut sie zu einer Uhr um und wiederholt die Frontfassade an der Rückseite des Baukörpers, um nur einige der auffälligsten Veränderungen zu nennen.

Aus der Aneignung des historischen Archivmaterials geht ein hybrider Wiedergänger hervor.[3] Neben den Veränderungen, die sie durch die Reduktion auf bestimmte Elemente des Baus vornimmt, schafft die Künstlerin durch die schwarz-weiße Farbigkeit der Arbeit Distanz zu dem realen Vorbild. Die aus 970 Teilen zusammengesetzte Plakatierung der Temporären Kunsthalle will weder eine perfekte Simulation noch eine imitierende Rekonstruktion des Palastes sein. Eine entscheidende Irritation dieser allzu wahrscheinlichen, aber missverständlichen Annahmen führt sie mit der Rasterung der fotografischen Vorlage ein. Die dreidimensionale Außenverkleidung vermittelt so den Eindruck eines Medienbildes, sei es über die Erinnerung an ein von Linien durchzogenes Fernsehbild oder durch die Assoziation des Bildes einer Überwachungskamera oder einer Zeitungsfotografie.

Die formale Dimension der Dekonstruktion kommt in Sicht, wenn man auf Pousttchis Werk der letzten zehn Jahre zurückblickt, denn die Arbeit knüpft an verschiedene signifikante Verfahren

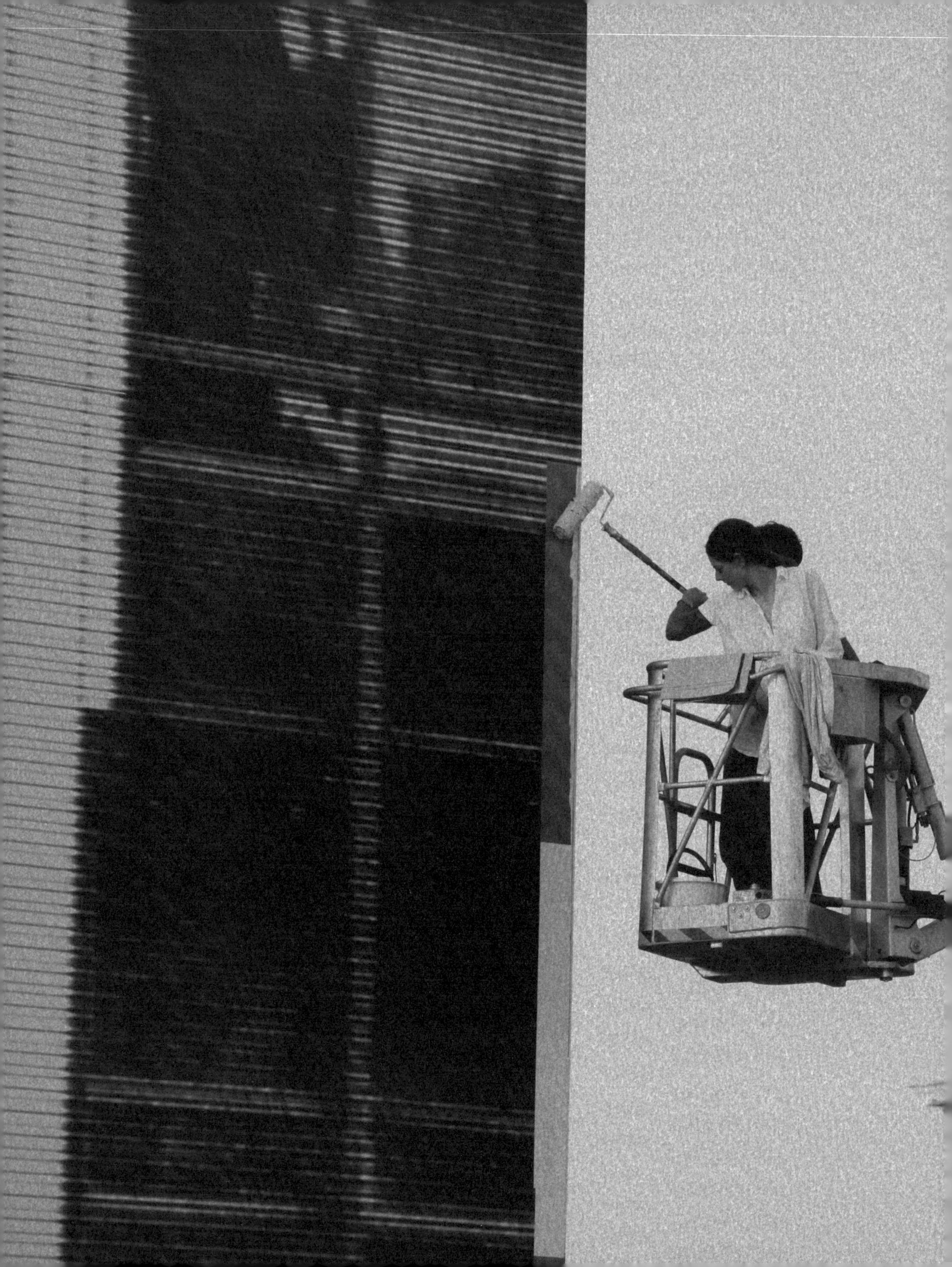

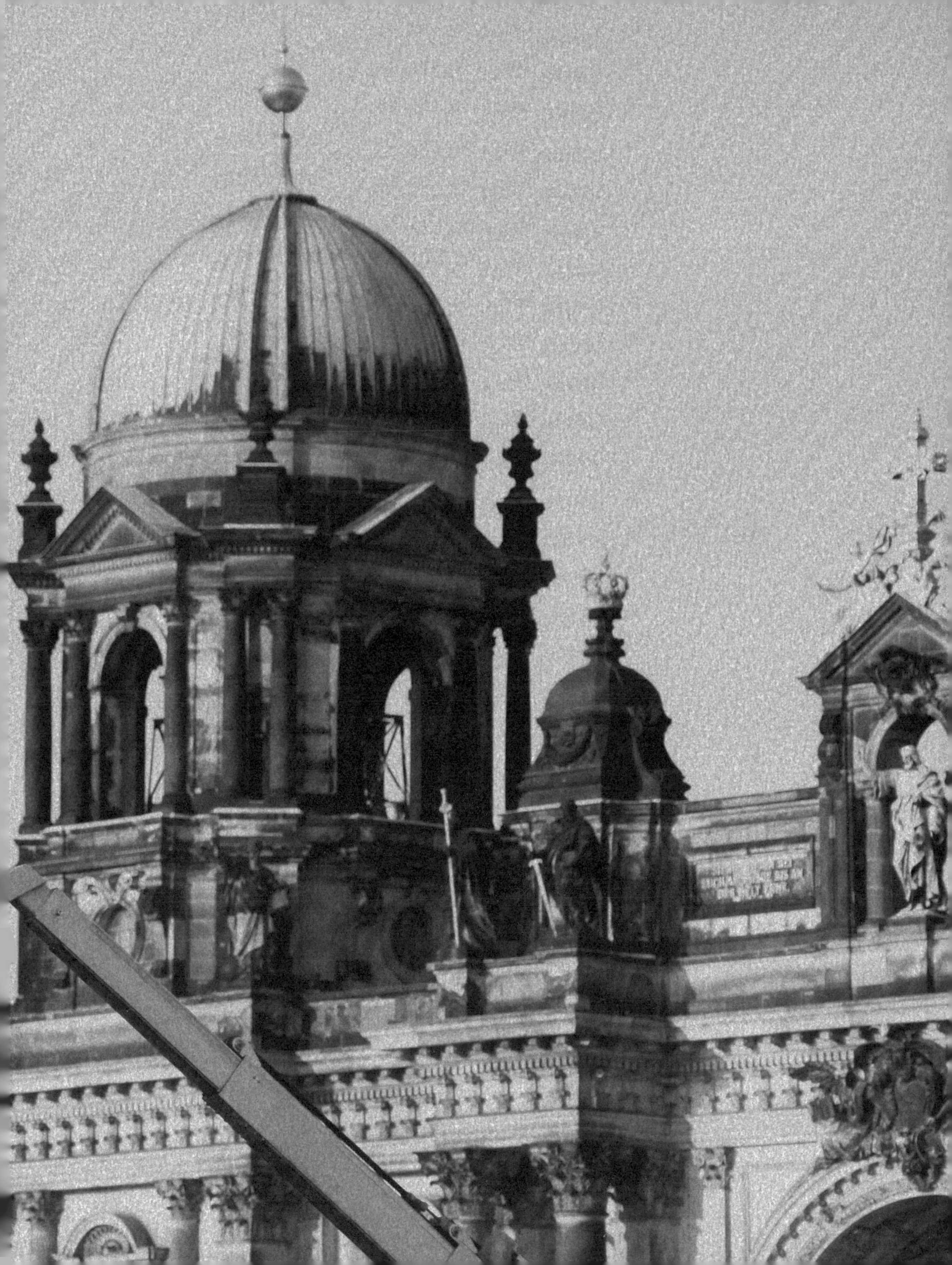

der Künstlerin an: Die durch die digitale Bearbeitung erzeugte Unschärfe erinnert an *Parachutes* (2006), das schwarz-weiße Zeilenraster nutzt sie bereits in den Fotoserien *Starker Staat* (2003), *Take Off* (2005) und *The Hetley Suite* (2008)(Abb.S.81,68, 80). In den beiden Letzteren arbeitet sie ebenfalls mit dem Motiv der Uhr. In dem Video *Reset* (2001) greift sie einen symbolisch besetzen öffentlichen Ort auf und reflektiert, wie Geschichte geschrieben wird. Das Interesse an der Dekonstruktion von Architektur findet sich in der Videoarbeit *Double Empire* (2000) wieder (Abb.S.77).

In *Parachutes* (Abb.S.65) zeigt sie uns in einer Serie von Fotografien verschiedene Formationen von Hubschraubern vor einem dramatisch verhangenen Wolkenhimmel. Mit der digitalen Bearbeitung erzeugt sie eine malerische Unschärfe und ein Bildrauschen, dessen Schlieren diagonal über die Bildfläche verlaufen. Petra Löffler steht mit ihrer Assoziation von Francis Ford Coppolas Szene der Hubschrauberattacke aus *Apocalypse Now* nicht allein da, wenn sie im Hintergrund Wagners Walkürenritt zu hören meint.[4] Die Szene appelliert an unser kollektives visuelles Unbewusstes, das nicht nur von Perzeptionen ‚des Realen', sondern vor allem auch von Film- und Medienbildern geprägt ist. Diese Ambivalenz hat Pousttchi in einem Interview als „Möglichkeitsraum des

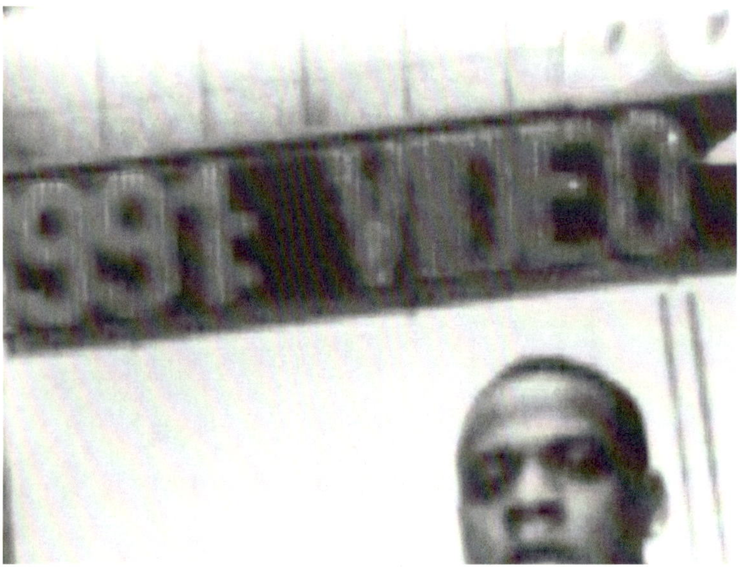

Bettina Pousttchi, *Reset*, 2001, video, 5:20 min.

Imaginären" bezeichnet.[5] In der zwölfteiligen Fotoarbeit *Take Off* (Abb.S.68) arbeitet sie mit vergleichbaren formalen Mitteln, um die vagen Erinnerungen an bekannte Medienbilder von Staatsbesuchen und Flugzeugentführungen ins Bewusstsein zu rufen. Die Serie zeigt Menschen, die eine Flugzeugtreppe hinuntergehen, den Flügel und die Buchstaben-Zahlenkombination einer Flugzeugkennung einer auf dem Rollfeld wartenden Maschine, einen Mann, der eine Flughafenhalle durchquert, zwei Fluggäste, die eine Sicherheitsschleuse passieren. Man erkennt: es handelt sich um Topoi der Bildrhetorik unserer Mediengesellschaft.

Zeigen sich die Bilder der Serie *Parachutes* in malerischer Unschärfe, so überlagern in *Take Off* breite Querstreifen wie Störmomente die Schwarz-Weiß-Fotografie und verweisen auf den medialen Ursprung der aufgerufenen Bilder. In *Echo* greift die Künstlerin dieses formale Mittel erneut auf. Mit diesen medienreflexiven Momenten macht sie deutlich, dass es nicht um die Heraufbeschwörung eines verschwundenen Monuments der DDR geht, sondern um die Dekonstruktion der Bedingungen, unter denen wir erinnern und unter denen die Fotografie an der Erinnerung teilhat. Die individuelle Erinnerung visualisiert die Künstlerin als eine, die von Medienbildern geprägt ist, statt von den Nicht-Farben einer verblassten Knipserfotografie in einem

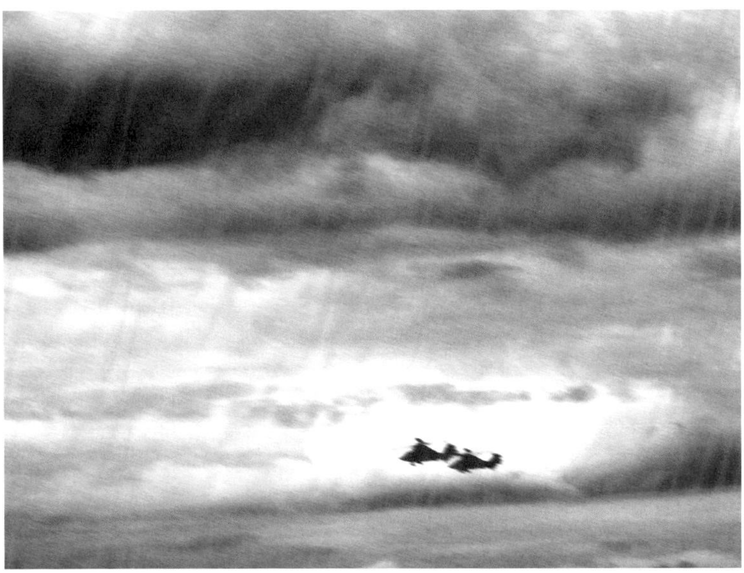

Bettina Pousttchi, *Parachutes 12*, 2006, photograph, 120 x 160 cm

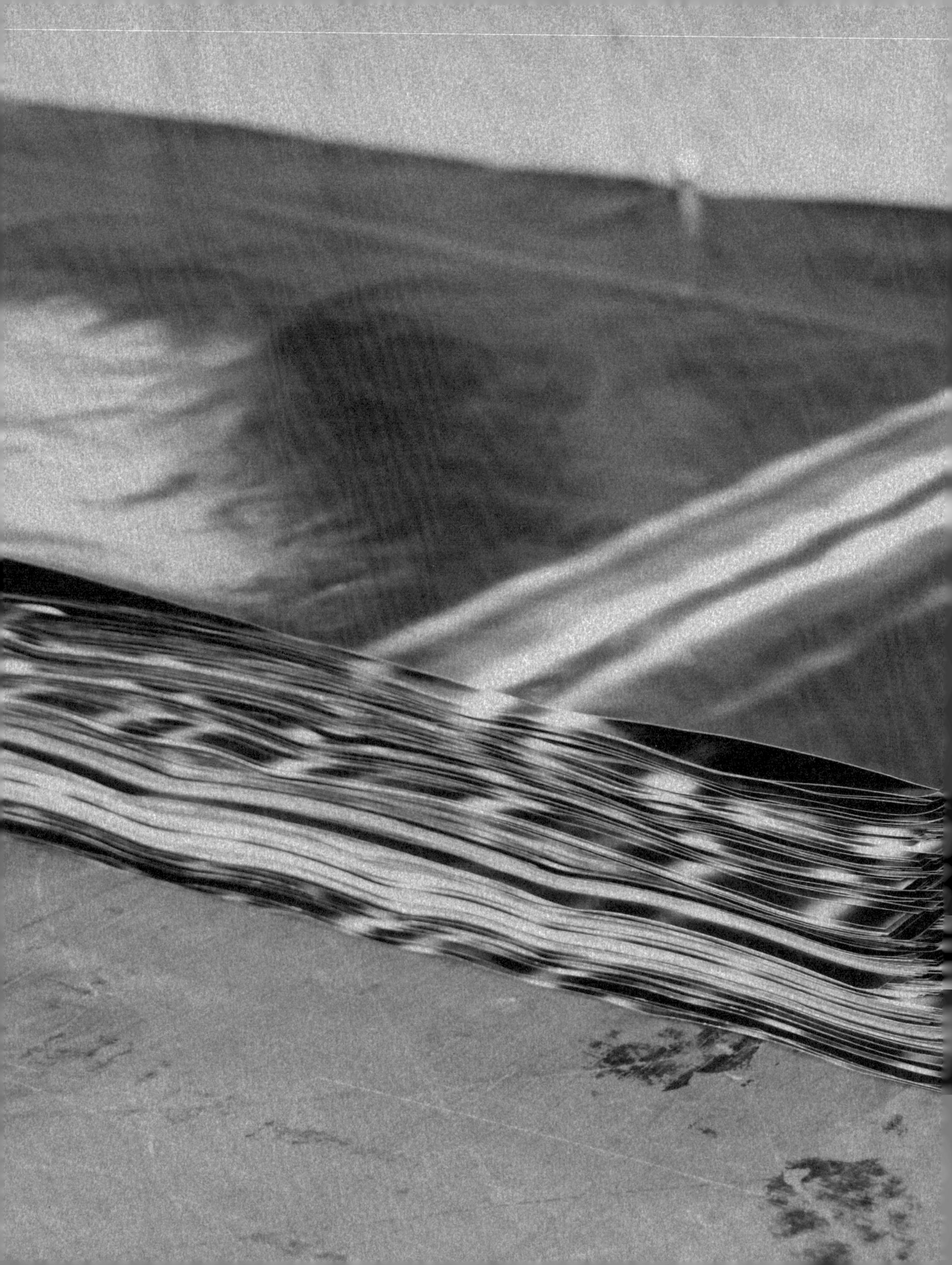

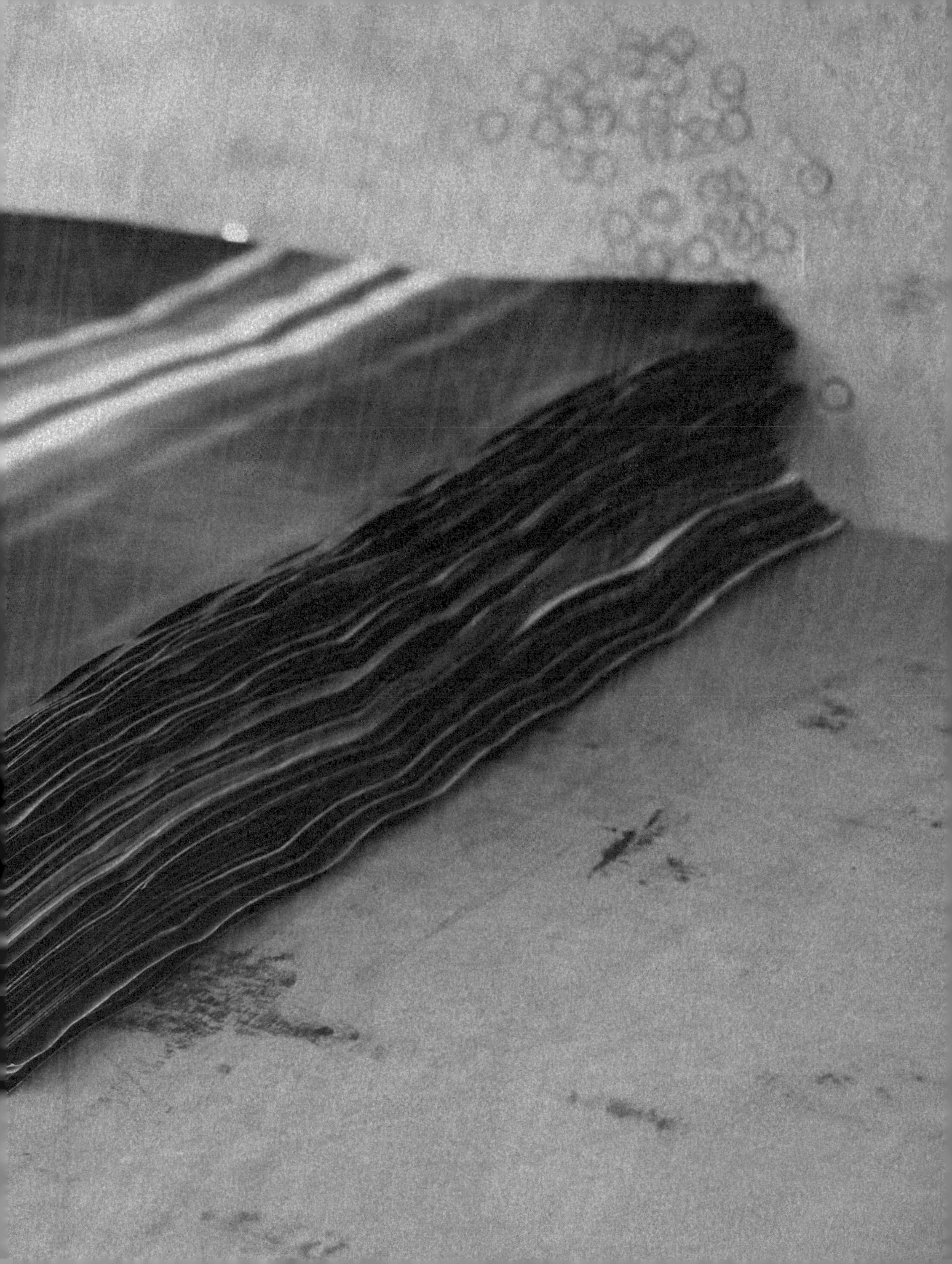

Familienalbum. Pousttchi ist in den 1970er Jahren in Westdeutschland aufgewachsen. Wenn es persönliche Erinnerungen an den Palast zu DDR-Zeiten gibt, sind sie von Fernsehbildern feierlicher politischer Anlässe wie dem SED-Parteitag oder Staatsbesuchen geprägt (Abb.S.69).

Für ihre Arbeit *Reset* (Abb.S.64) filmte die Künstlerin in der Millenniumsnacht ebenfalls an einem geschichtsträchtigen und mit utopisch/heterotopischem Potenzial ausgestatteten Ort: dem New Yorker Times Square. Hier richtete sie ihre Kamera auf die rote LED-Leuchtschrift, die Schlagzeilen historischer Daten des letzten Jahrtausends als „millennium milestones" in Form eines Newstickers präsentierten. Für ihren Film schnitt sie die Informationen zu einer subjektiven Geschichte über das Ende der Apartheid in Südafrika zusammen. Während sie in *Reset* die offizielle Geschichte durch die rhythmische Skandierung der Schrift mit unterlegten Housebeats in eine subjektive Geschichte verwandelt, untersucht sie mit *Echo* das Verhältnis des fotografischen Bildes zur Konstruktion von Geschichte. *Reset* wurde am historischen Umschlagpunkt von einem Jahrtausend zum nächsten gefilmt, und historische Zeit spielt auch in *Echo* eine Rolle. Die Uhren auf den beiden Längsseiten der Installation zeigen unterschiedliche Zeiten an. Die der Spree zugewandte Uhr steht

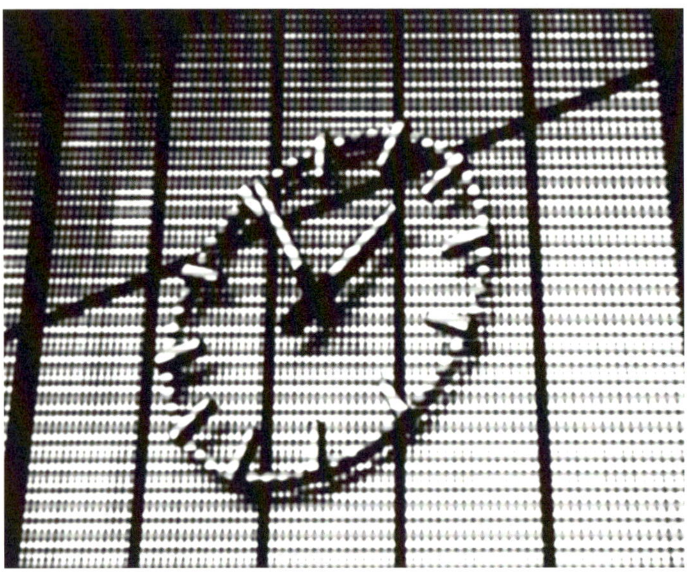

Bettina Pousttchi, *Take Off 09*, 2005, photograph, 120 x 150 cm

auf 12:55 Uhr, die zweite, auf der dem Schlossplatz zugewandten Seite zeigt 13:55 Uhr an, wie schon die Uhr am Big Ben aus der Serie *The Hetley Suite* (Abb.S.80) und eine weitere im Flughafen Tempelhof aus der Serie *Take Off* (Abb.S.68). Aus der Vorstellung einer einheitlichen Zeit brechen die beiden Uhren auf der Palastinstallation aus und betonen mit zwei unterschiedlichen Angaben die Relativität von Zeit.

Mit dem 1976 fertig gestellten und 2006 bis 2008 abgerissenen Palast der Republik auf dem Schlossplatz wählt Pousttchi einen zentralen Gedächtnisort deutsch-deutscher Geschichte. Das Verschwinden des Palastes wurde von den Abrissgegnern als rigorose Auslöschung ostdeutscher Vergangenheit betrachtet.[6] Sein Abriss stehe symbolisch für das Vergessen eines Teils deutscher Geschichte. Diese Auslöschung thematisiert die Künstlerin mithilfe eines Mediums, das seit seiner Erfindung im 19. Jahrhundert als Erinnerungsmedium verstanden wurde.

Erst zu Anfang des 20. Jahrhunderts mehrten sich die Stimmen, die der Analogie von Fotografie und Gedächtnis misstrauten und stattdessen den Unterschied in der Art der Speicherung betonten. Das technisch aufzeichnende Verfahren, das lückenlos dokumentiert, wurde der natürlichen Erinnerung entgegengesetzt, die selektiv verfahre. So schrieb Siegfried Kracauer: „Sie [die

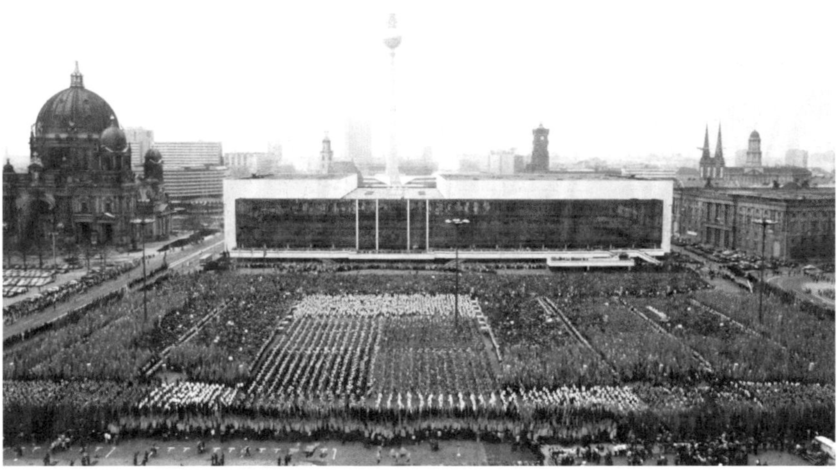

Palast der Republik, 1986

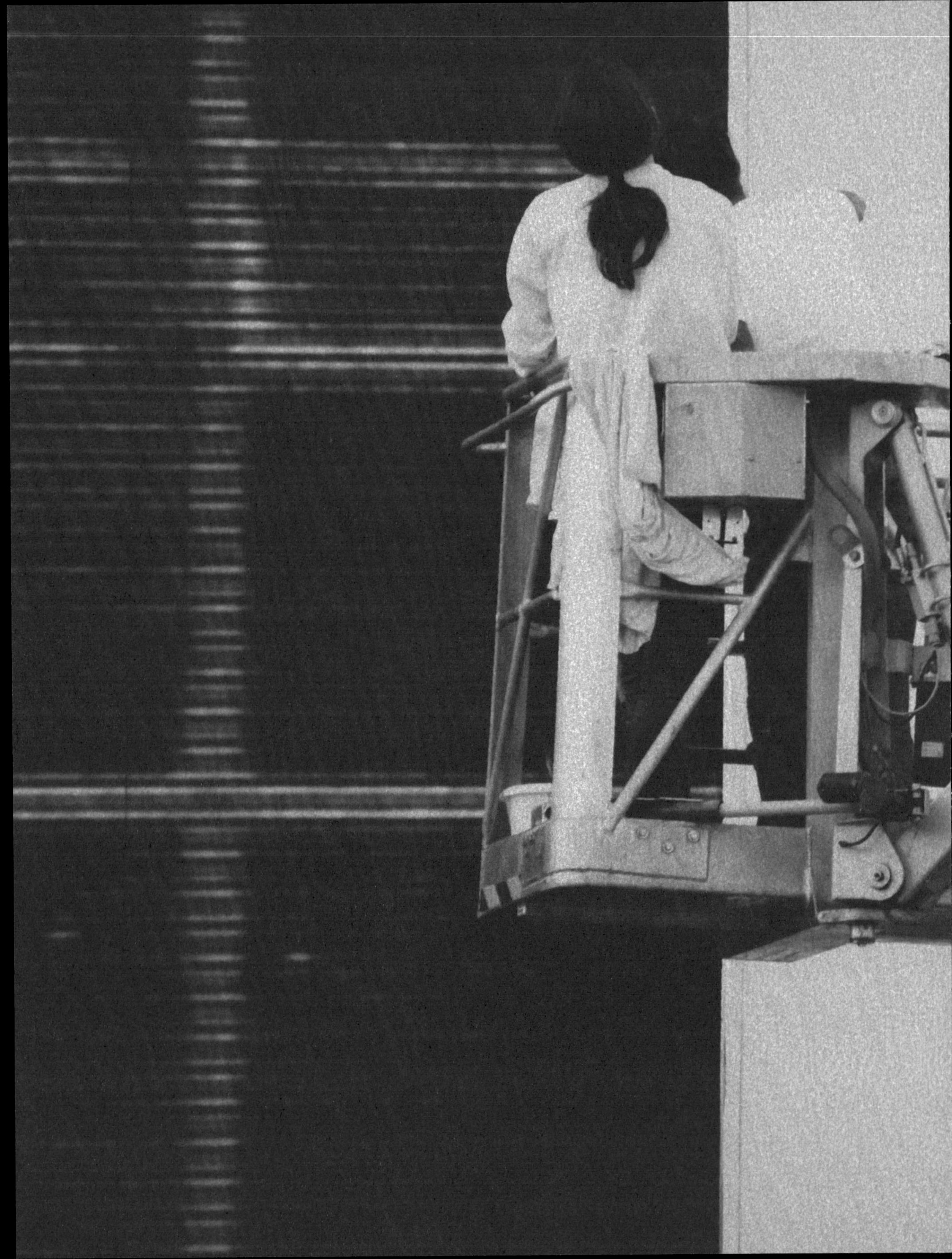

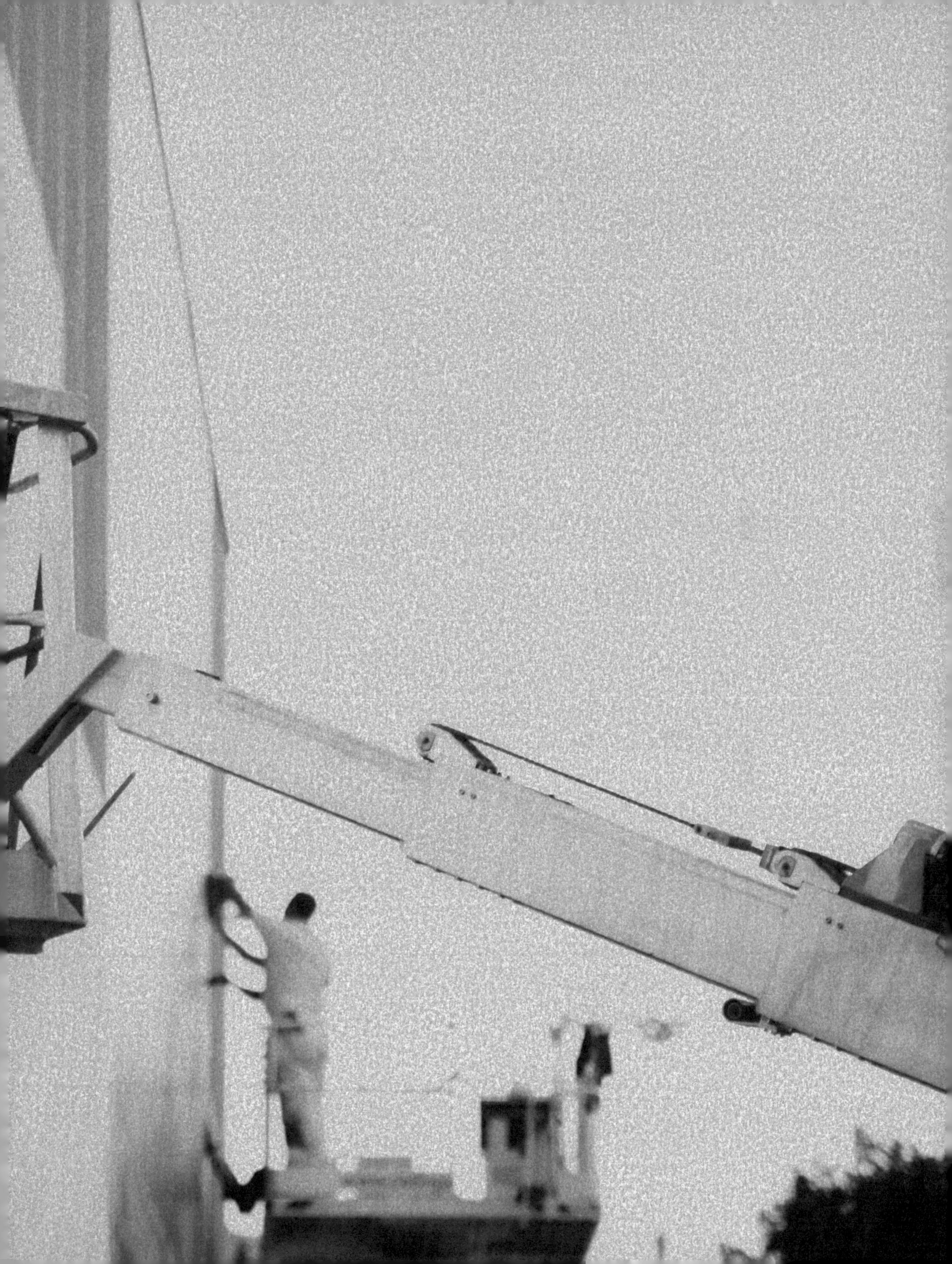

Erinnerungen, E.R.] organisieren sich also nach einem Prinzip, das sich von dem der Photographie seinem Wesen nach unterscheidet. Die Photographie erfasst das Gegebene als ein räumliches (oder zeitliches) Kontinuum, die Gedächtnisbilder bewahren es, insofern es etwas meint. Da das Gemeinte nur in dem nur-räumlichen Zusammenhang so wenig aufgeht wie in dem nur-zeitlichen, stehen sie windschief zur photographischen Wiedergabe."[7]

Diese Skepsis gegenüber der Fotografie als Erinnerungsmedium durchzieht alle Arbeiten von Bettina Pousttchi. Statt an einen realistischen Begriff von Fotografie anzuknüpfen, nähert sie sich von der Seite der Konstruktion. Es geht hier also nicht um eine realistische Wiederauferstehung, sondern um die Gestaltung eines Widerhalls, der die Bedingungen der subjektiven Erinnerung reflektiert.

1 Oliver Wendell Holmes, „Das Stereoskop und der Stereograph (1859)", in: *Theorie der Fotografie, Band I-IV 1839-1995*, hrsg. von Hubertus von Amelunxen und Wolfgang Kemp, Bd.1, Theorie der Fotografie I, 1839-1912, München: Schirmer/Mosel 2006, S.114-121, S.116.

2 William Henry Fox Talbot, *The Pencil of Nature* (1844/46), New York: Da Capo Press 1969.

3 Das Archiv ist in den letzen Jahren als Ausgangsort für die fotografische Produktion zunehmend interessant geworden. Für die Aneignung und Neuinterpretation fotografischer Bilder interessieren sich ebenfalls Fotografen wie Thomas Demand oder Peter Piller. Zu den Strategien der Aneignung, Interpretation und Rekonfiguration des Archivs vgl. Okwui Enwezor (Hrsg.), *Archive Fever, Uses of the Document in Contemporary Art*, Ausst.-Kat. International Center of Photography, New York: International Center of Photography/Göttingen: Steidl 2008.

4 „Check-in" (Petra Löffler im Gespräch mit Bettina Pousttchi), in: *Bettina Pousttchi, Reality Reset*, Ausst.-Kat. Von der Heydt Museum Wuppertal, Köln: Verlag der Buchhandlung Walther König 2008, S.130-134, S.131.

5 „Spiegelungen einer potentiellen Stadt. Bettina Pousttchi" (im Gespräch mit Markus Miessen), in: *Spex*, Nr.323 (November-Dezember 2009), S.88-91, S.90.

6 Alexander Schug (Hrsg.), *Palast der Republik. Politischer Diskurs und private Erinnerung*, Berlin: Berliner Wissenschafts-Verlag 2007; Moritz Holfelder, *Palast der Republik. Aufstieg und Fall eines symbolischen Gebäudes*, Berlin: Ch. Links Verlag 2008.

7 Siegfried Kracauer, Die Photographie (1927), in: Ders., *Das Ornament der Masse*, Frankfurt am Main, 1977, S.21-39, S.25.

On the Photographic Afterlife of the Palast der Republik

Esther Ruelfs

In an early text on photography, Oliver Wendell Holmes described it as "mirror with a memory."[1] The idea of photography as a medium for memory is based on the automatic recording of light, on nature depicting itself. The "pencil of nature,"[2] as William Henry Fox Talbot called it in 1844-46, seems to register all details with "inimitable fidelity."

The first photographic simulation of Bettina Pousttchi's installation *Echo* (p.73) recalls the nineteenth-century photographs that Wendell Holmes was looking at. Perhaps it is the "mildewy spots" on the water below the embankment of the Spree River, and probably it is the stillness and timelessness the image radiates: no passersby, no cars or bicycles, no bistro chairs to be seen far and wide - a little like the photographs from the early days of photography, in which all moving objects remain invisible because of the long exposure times. The sky is always cloudless.

This first impression is confirmed by the aesthetic process:

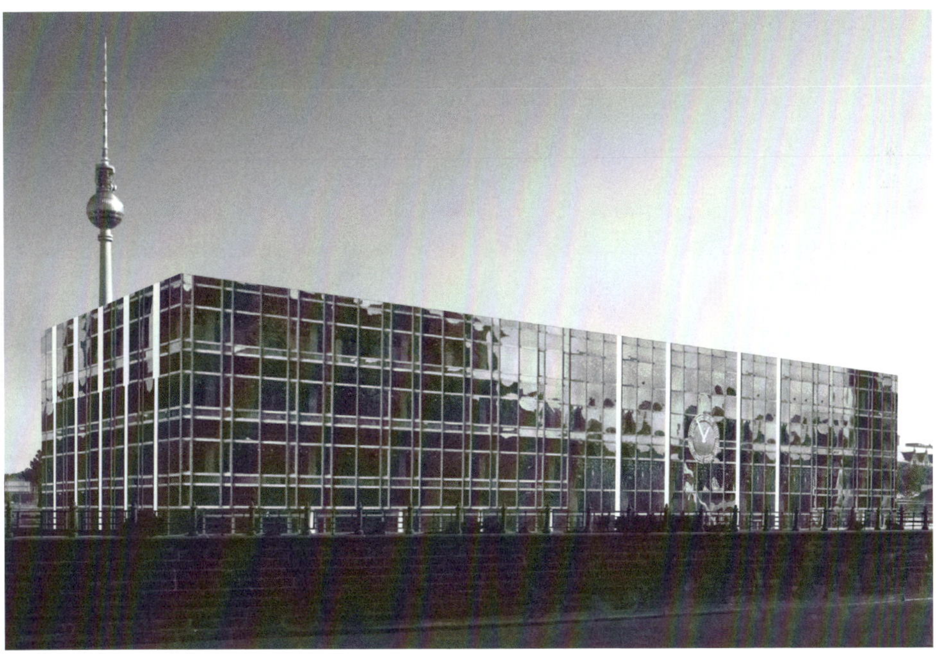

Bettina Pousttchi, *Echo*, 2009, simulation

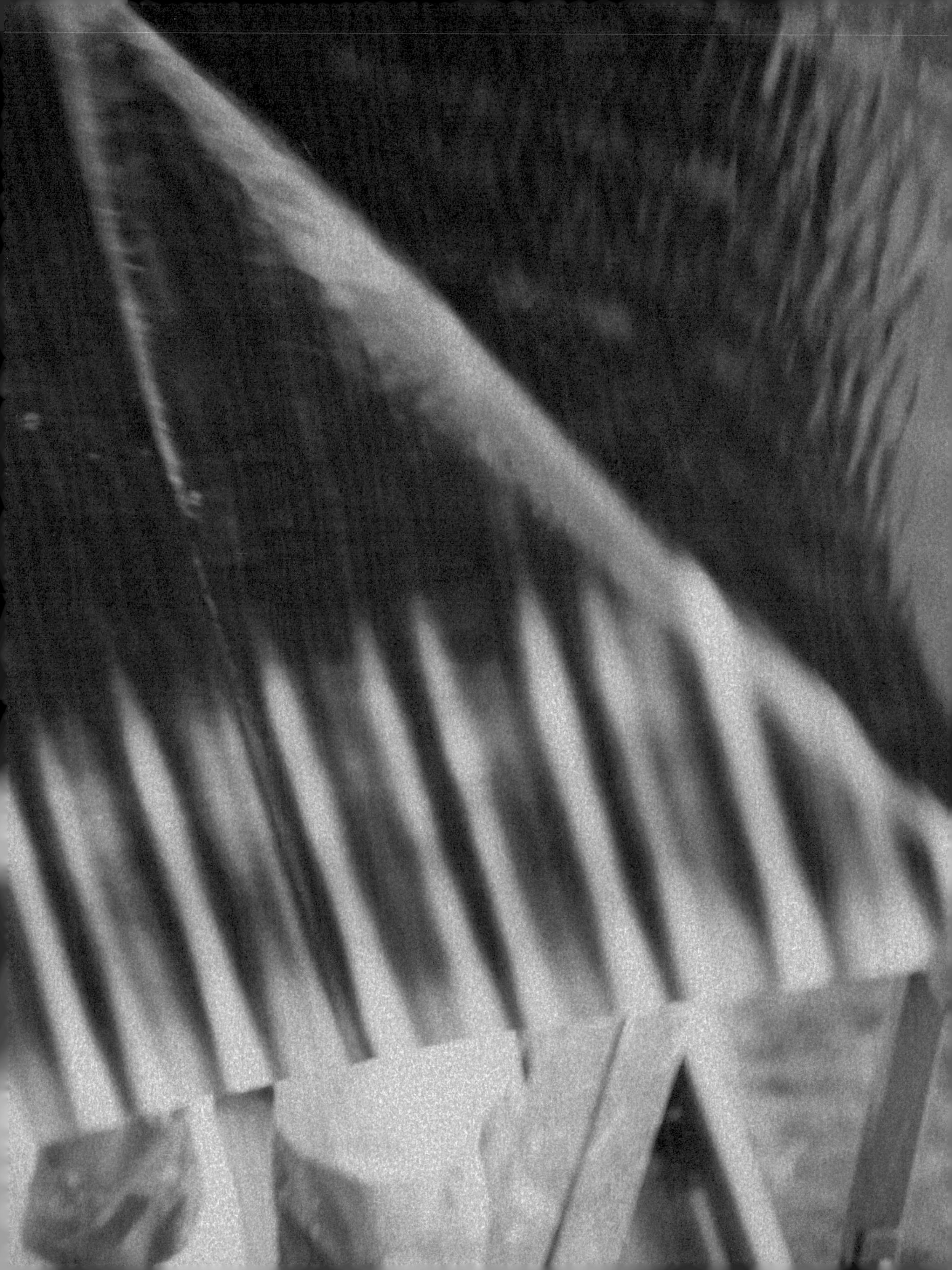

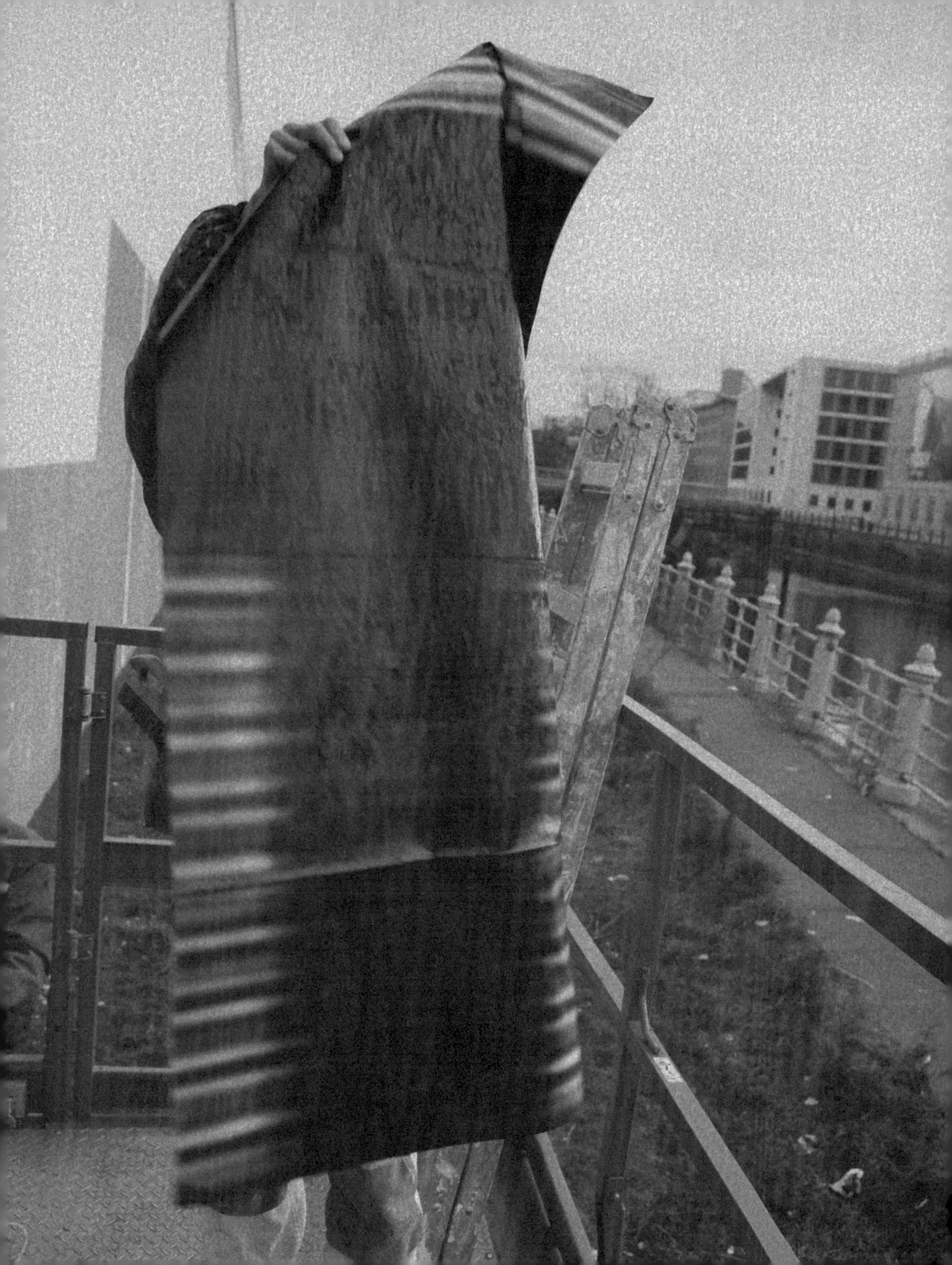

the installation *Echo* began in the archives. During preparations for the work on the facade of the Temporäre Kunsthalle (Temporary Art Gallery) in Berlin, the artist visited numerous archives. She researched digital images in the Internet databases of news agencies and drew on documentary architectural and surveying photographs that had been taken for applications to the planning authority and landmark preservation office and were now stored in historical archives. Above all, she visited the architectural archive of the Akademie der Künste (Academy of the Arts), which holds the papers of Heinz Graffunder, the architect of the Palast der Republik (Palace of the Republic). She made use of images that filled a series of propagandistic, journalistic assessments in illustrated volumes of the 1970s in both the West and the East. She was not so much interested in any given photograph taken between the initiation of construction in 1973 and its demolition as she was in what Michel Foucault described as the order of the archive: the powerful rule that determines what can be said in a specific place about a specific matter by whom and what cannot, the order of discourse. What views were chosen for the official image of the Palast? How were photographs of it cropped? How did they create recognition value and the iconic status of this collective symbol (p.69,85)?

Accordingly, Pousttchi did not choose a single photograph as the point of departure for her work but rather a number of images she looked through, preparing certain structural features. She took from them the constructive elements that constitute the image: the state emblem of the German Democratic Republic on the main facade of the Palast, the two white pilasters on each side of the emblem, the grid structure, and the reflections on the glass of the building's skin.

For both the archival photograph and for photographs intended to document the history of architecture, documentary neutrality is crucial to the respective genre: the object should be recorded unaltered for posterity and reality must be remembered in as much detail as possible. Many of the architectural photographs Pousttchi saw in various archives were modeled on this discourse.

In her work, however, the artist abandons the paradigm of photographic realism and of documentation. What she does with these images is something completely different: constructing and deconstructing. It is astounding to see how much the installation revives the memory of the Palast der Republik, even though the constructed image deviates from the building in crucial respects.

First of all, the dimensions of the Kunsthalle are considerably smaller than those of the Palast. The white concrete elements on the facade, which frame the copper-insulated glass curtain wall like a bracket, are left out entirely by Pousttchi, as is the characteristic color of the gleaming brownish glass surface. The state emblem of the German Democratic Republic - a wreath of wheat ears with a hammer and compass - is converted into a clock, and the front facade is repeated on the rear of the building, to mention only some of the most striking changes.

The appropriation of historical archival material produces a hybrid revenant.[3] In addition to the changes she makes as part of reducing certain elements of the building, the artist employs a black-and-white palette to give the work distance from its real predecessor. Covering the Temporäre Kunsthalle with 970 paper posters is intended neither as a perfect simulation nor

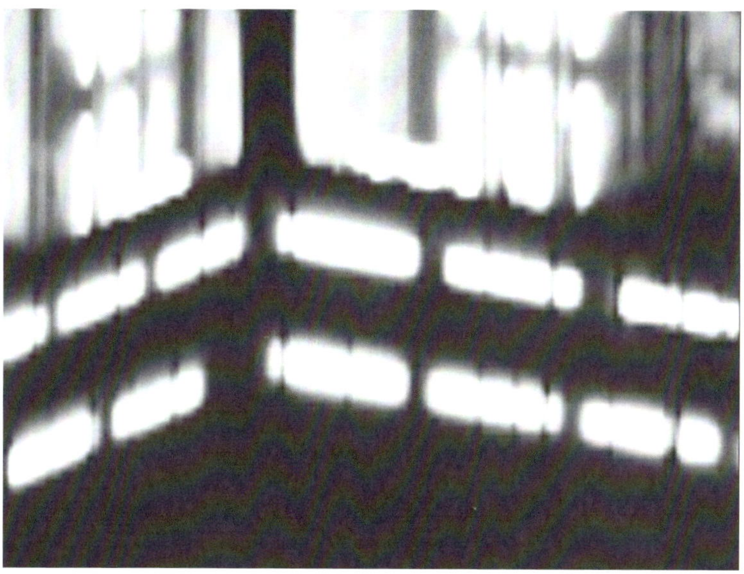

Bettina Pousttchi, *Double Empire*, 2000, video, 2:43 min.

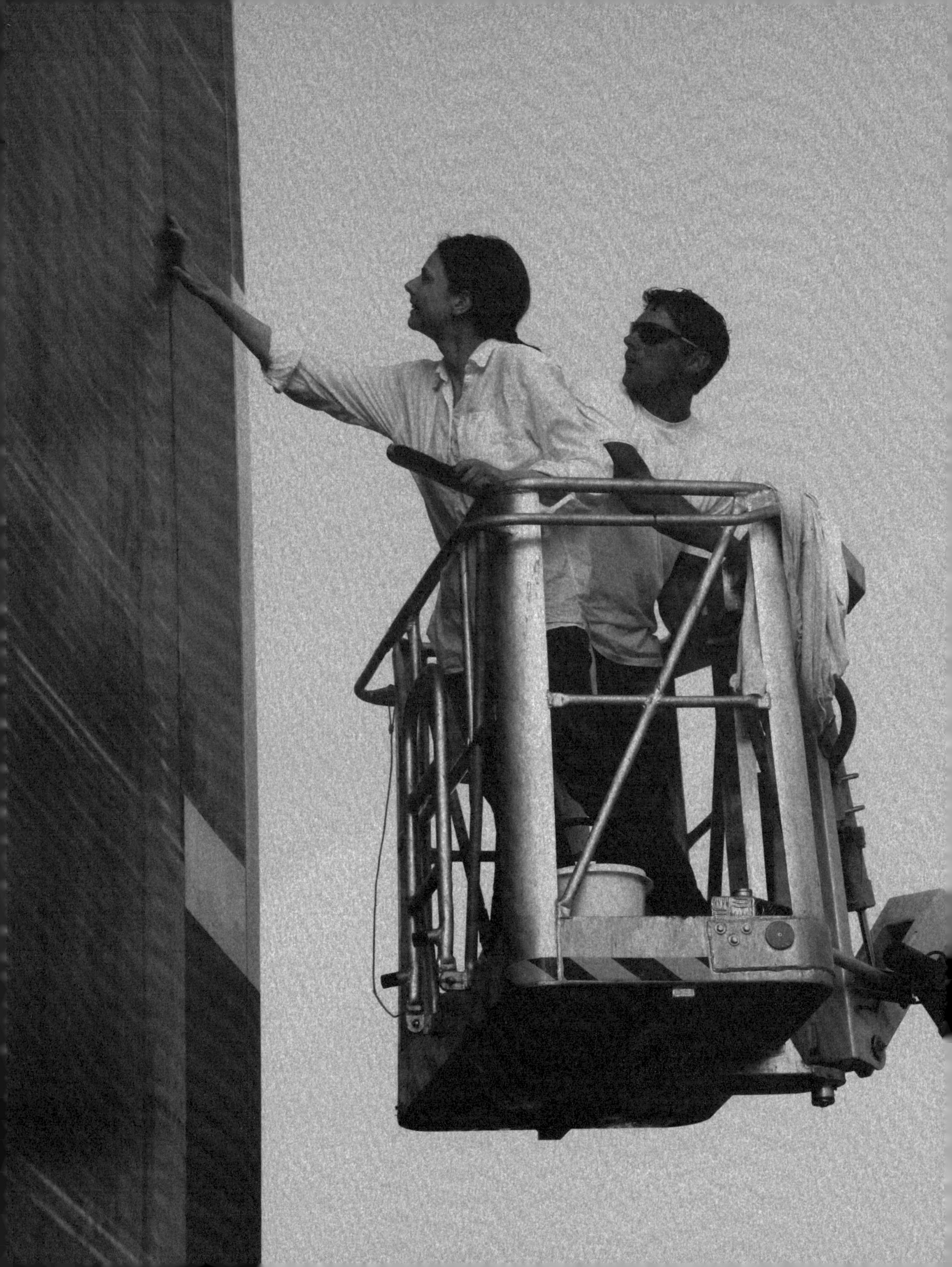

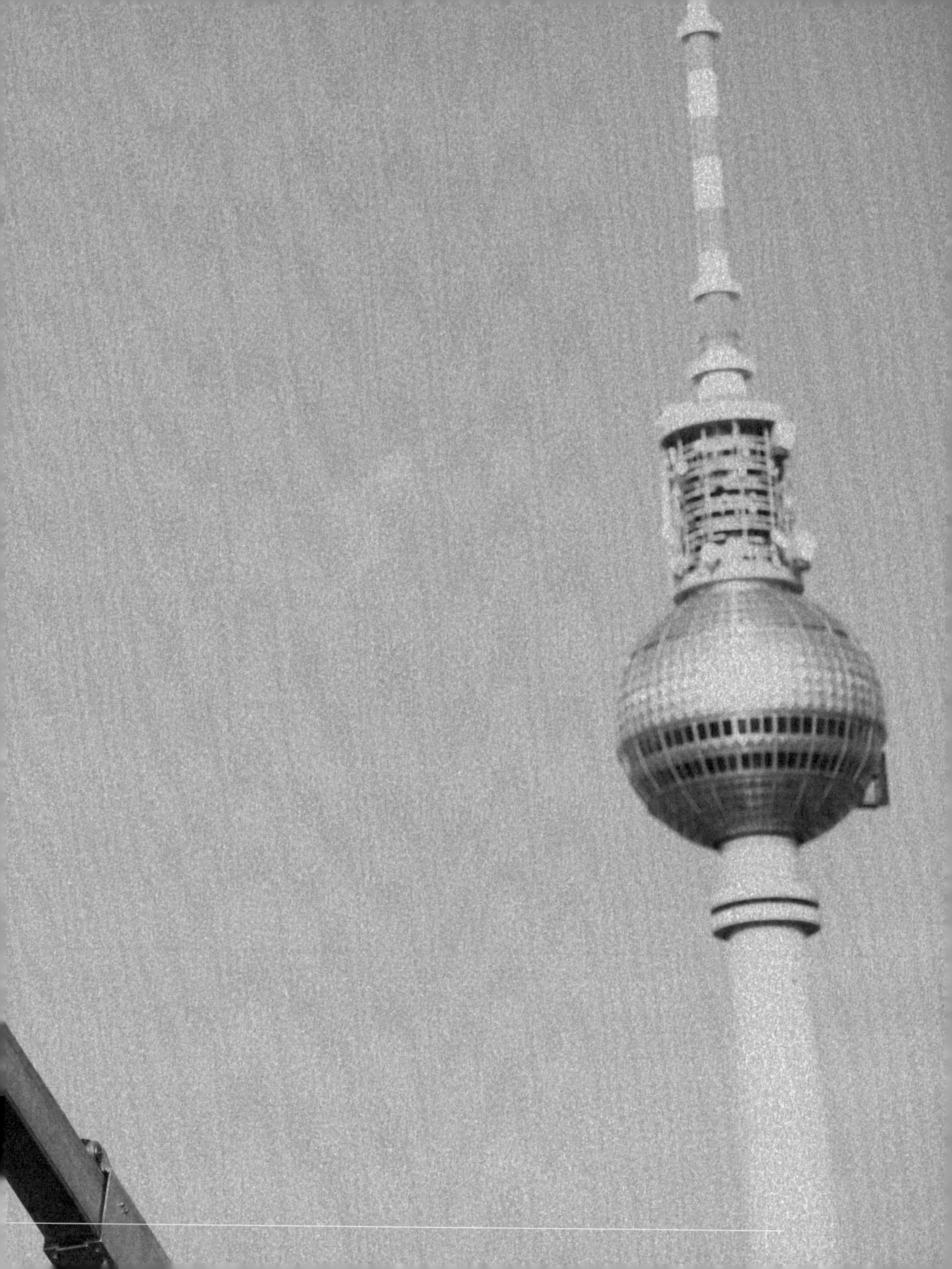

an imitative reconstruction of the Palast. One crucial perplexing aspect of these all too probable but nonetheless misleading photographs is introduced in the form of a grid placed on the photographic model. The three-dimensional exterior cladding conveys the impression of an image from the media, either because it is reminiscent of the lines of a television picture or because it is associated with a surveillance camera image or a newspaper photograph.

The formal dimension of the deconstruction comes to mind when one looks back at Pousttchi's oeuvre of the past ten years, since this work takes up once again a number of the artist's significant procedures. The blurriness produced by digitally editing the photographs recalls *Parachutes* (2006); she used this black-and-white raster previously in the photo series *Starker Staat* (Strong State; 2003), *Take Off* (2005), and *The Hetley Suite* (2008)(p.81,68,80). The latter two also use the motif of a clock. In the video *Reset* (2001), she takes up a symbolically loaded public place and reflects on how history is written. The interest in the deconstruction of architecture is found in the video *Double Empire* (2000)(p.77).

In *Parachutes* (p.65), Pousttchi shows us a series of photographs with various formations of helicopters against a

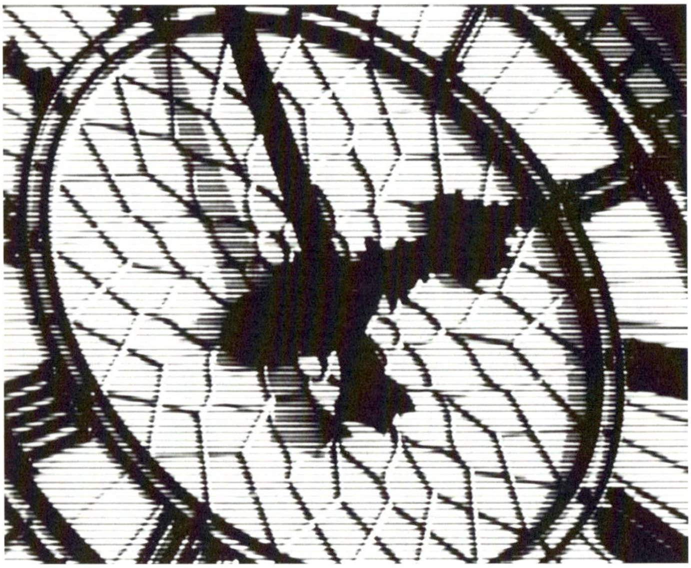

Bettina Pousttchi, *Hetley Time*, 2008, photograph, 180 x 225 cm

dramatically overcast sky. By means of digital editing, she produces a painterly blurriness and a visual distortion whose streaks run diagonally over the picture plane. Petra Löffler is not alone in associating it with Francis Ford Coppola's scene of the helicopter attack in *Apocalypse Now*, saying that she hears Richard Wagner's "Ride of the Valkyries" in the background when looking at it.[4] The scene appeals to our collective visual unconscious, which is shaped not only by perceptions of "the real" but also and above all by images from film and other media. In an interview, Pousttchi characterized this ambivalence as a "space of possibility for the imaginary."[5] In the twelve-part photo series *Take Off* (p.68), she works with comparable formal means to make us conscious of vague memories of familiar media images of state visits and hijackings. The series shows people descending a Jetway, the wing, and the letters and numbers of the airplane identification of a plane waiting on a taxiway, a man crossing a terminal, and two passengers passing through a security check. It is clear: they are topoi of the visual rhetoric of our media society.

Whereas the photographs in the *Parachutes* series feature a painterly blurriness, in *Take Off*, the black-and-white photograph is superimposed with wide horizontal stripes resembling

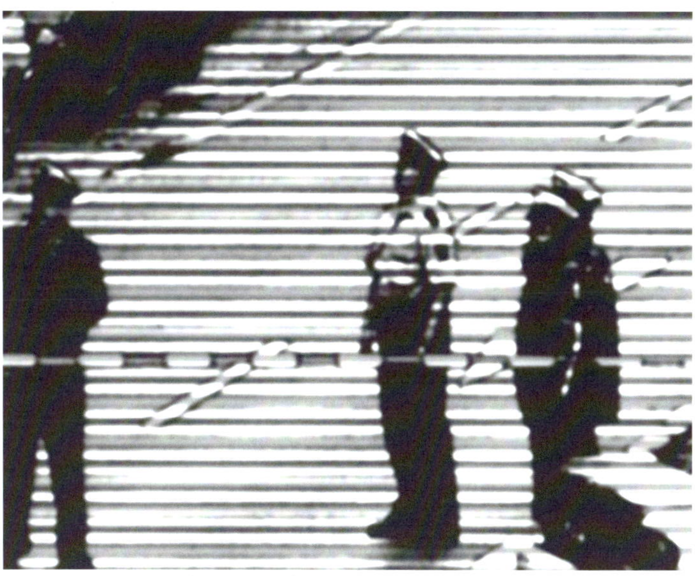

Bettina Pousttchi, *Starker Staat 02*, 2003, photograph, 88 x 110 cm

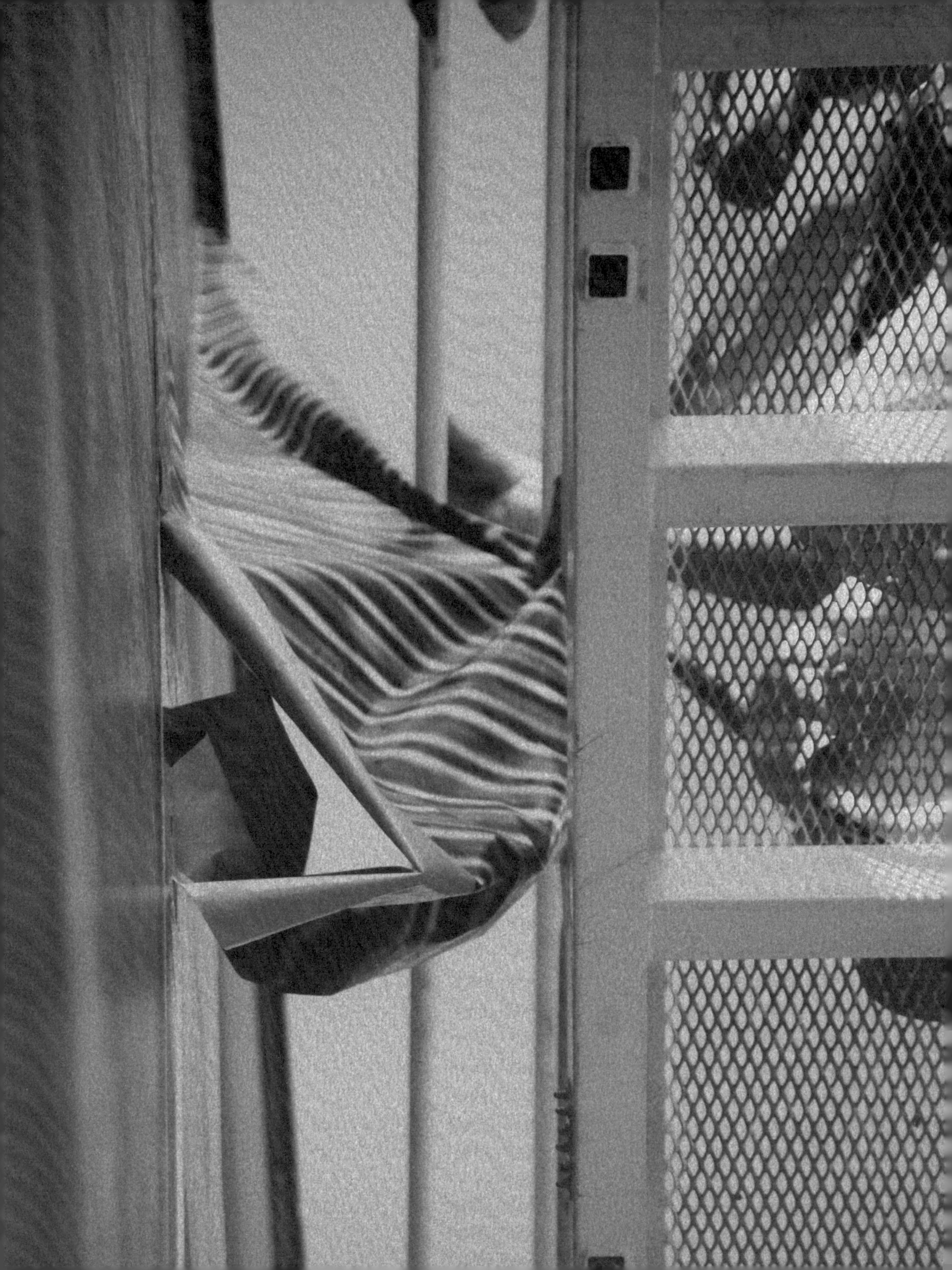

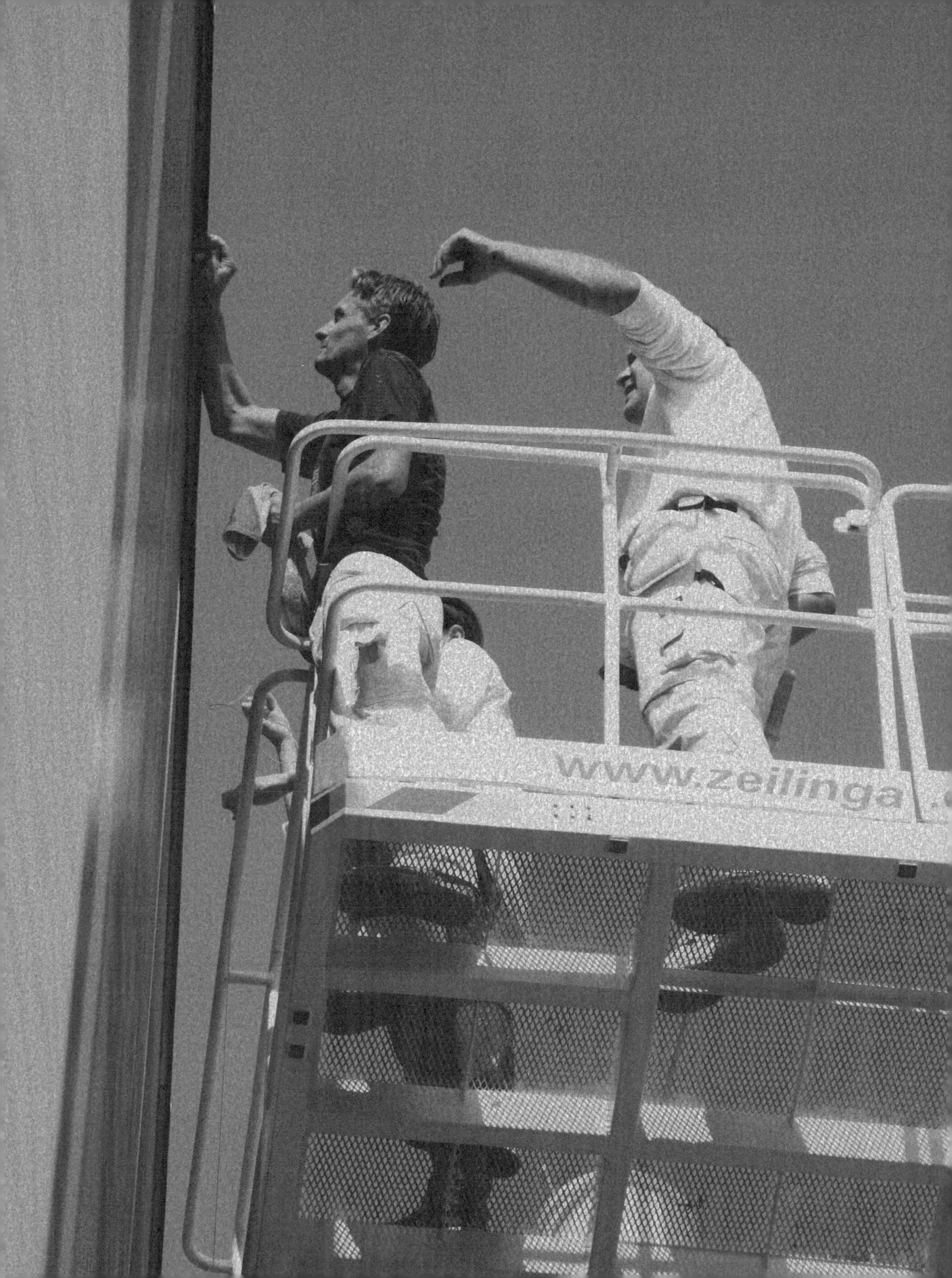
www.zeilinga

distortion, pointing to the origin of the images in the media. In *Echo*, the artist takes up this formal means once again. With these aspects reflecting on the media, she makes it clear that it is not about evoking a vanished monument of East Germany but rather about the deconstruction of the conditions under which we remember and under which the photograph participates in the remembrance. The artist visualizes individual memory as something shaped by media images, rather than by the noncolors of a faded snapshot in a family album. Pousttchi grew up in West Germany from the 1970s onward. If she has any personal memories of the Palast from the time of the German Democratic Republic, they are formed from television images of ceremonial political events such as the conference of the Socialist Unity Party or state visits (p.69).

For her work *Reset* (p.64), the artist filmed on the eve of the millennium another site steeped in history and utopian/heterotopian potential: Times Square in New York. She set up her camera pointing at the red LED display presenting headlines of historical dates of the past thousand years as “millennium milestones” in the style of a news ticker. For her film she edited the display's information to create a subjective history about the end of apartheid in South Africa. Whereas in *Reset* official history was transformed into subjective history by means of the rhythmic scansion of words with a house beat in the background, in *Echo* she explores the relationship of the photographic image to the construction of history.

Reset was filmed at the historical turning point of one millennium to the next, and historical time plays a role in *Echo* as well. The clocks on the longer walls of the installation show different times. The clock on the side facing the Spree reads 12:55; the other, facing Schlossplatz, reads 13:55. The latter time also appeared on the Big Ben clock in the *Hetley Suite* series (p.80) and on another clock in Tempelhof Airport in the *Take Off* series (p.68). The clocks in the Palast installation break free of the notion of uniform time and emphasize with two different indications the relativity of time.

The Palast der Republik on Schlossplatz, which was completed in 1976 and demolished from 2006 to 2008, Pousttchi chose a site central to the memory of the history of a divided Germany. The disappearance of the Palast was viewed by the opponents of its demolition as the rigorous destruction of East Germany's past.[6] Its demolition thus symbolizes the forgetting of part of German history. The artist makes this destruction her theme in part by employing a medium that has been thought of as the medium of memory since its invention in the nineteenth century.

Only in the early twentieth century did an increasing number of people begin to distrust the analogy between photography and memory and instead to underscore the differences between these types of storage. The technological method of recording as an unbroken documentation was contrasted with natural memory, which works selectively. Siegfried Kracauer wrote: "Thus, they [memories] are organized according to a principle which is essentially different from the organizing principle of photography. Photography grasps what is given as a spatial (or temporal) continuum; memory images retain what is given only insofar as it has significance. Since what is significant is not reducible to either merely spatial or merely temporal terms, memory images are at odds with photographic representation."[7]

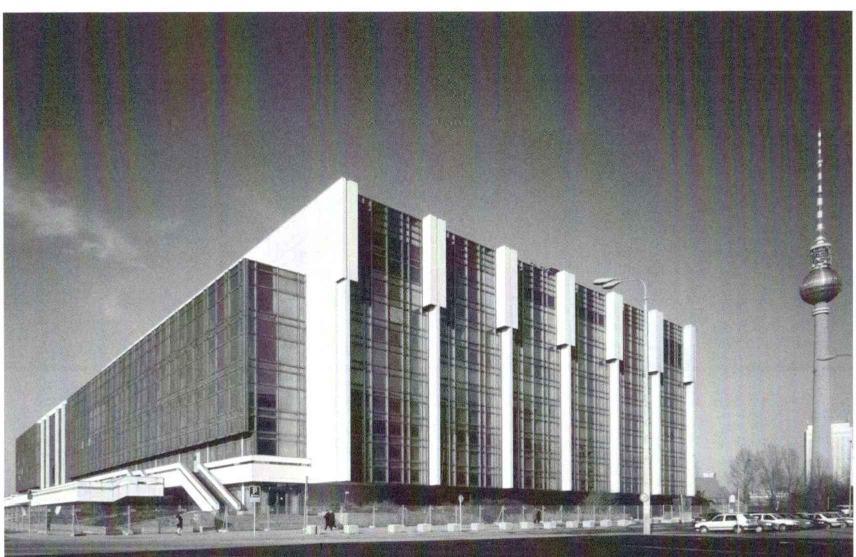

Palast der Republik, 1995

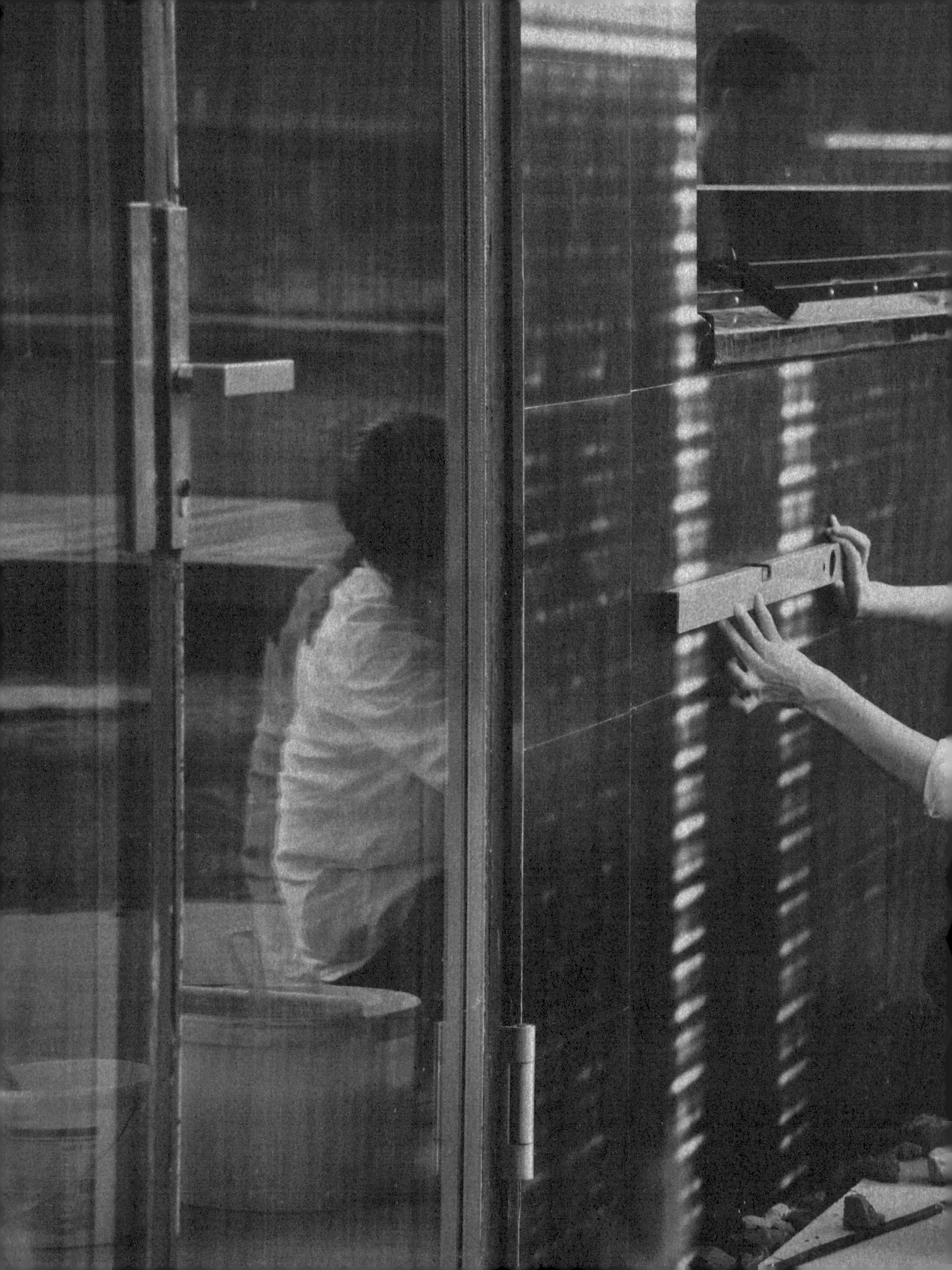

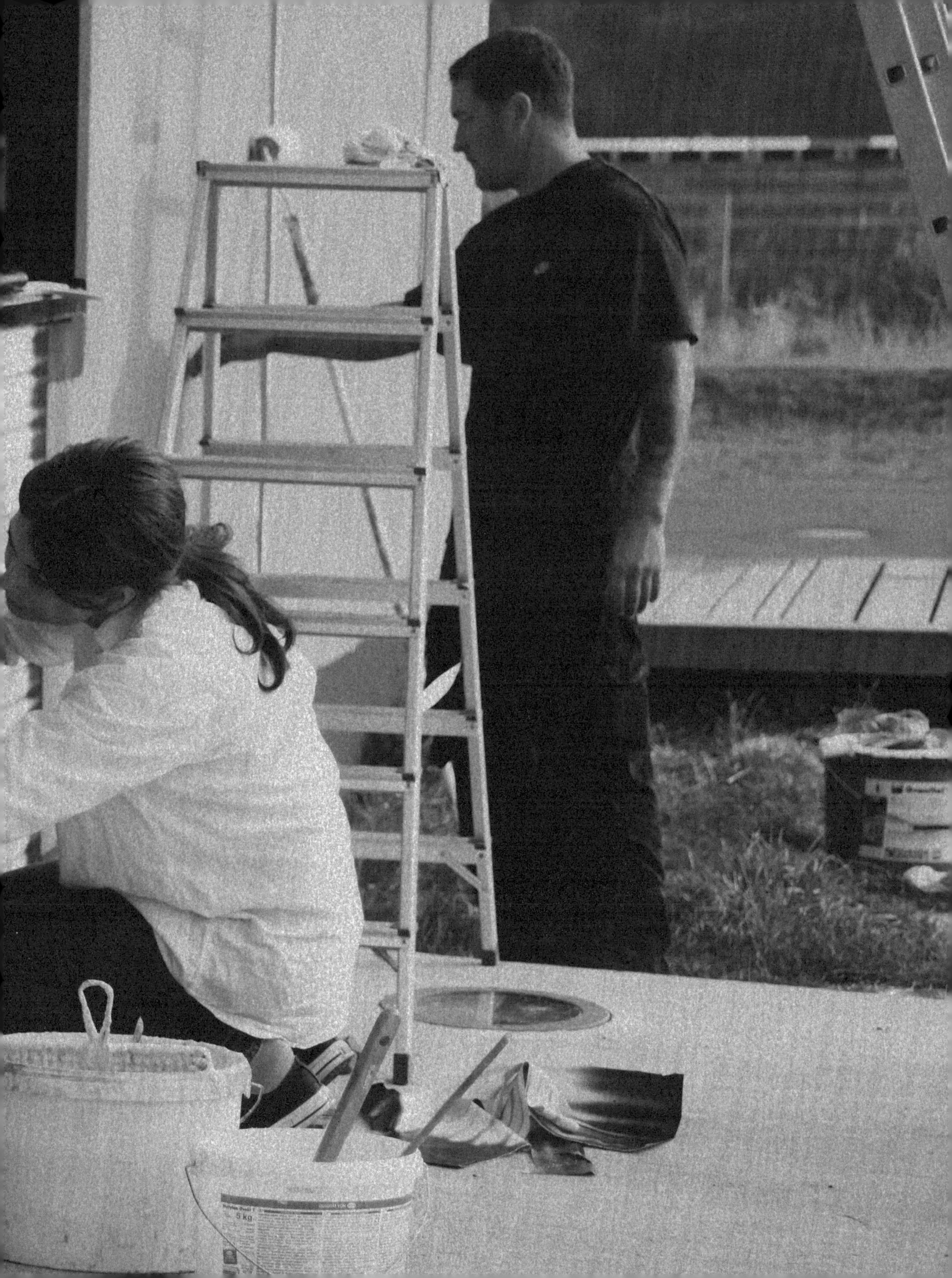
5 kg

This skepticism toward photography as a mnemonic medium runs through all of Bettina Pousttchi's works. Rather than take up a realistic concept of photography, she approaches it from the direction of construction. Hence it is not about a realistic resurrection but about designing an echo that reflects on the conditions of subjective memory.

1 Oliver Wendell Holmes, "The Stereoscope and the Stereograph," *The Atlantic Monthly* (June 1859): 738-49, 739, http://www.theatlantic.com/issues/1859jun/holmes.htm (accessed January 27, 2010).

2 William Henry Fox Talbot, *The Pencil of Nature* (New York: Da Capo Press, 1969; orig. pub.1844-46).

3 In recent years, the archive has become increasingly interesting as the point of departure for photographic production. Photographers such as Thomas Demand and Peter Piller have also shown an interest in appropriating and reinterpreting photographic images. On strategies of the appropriation, interpretation, and reconfiguration of the archive, see Okwui Enwezor, ed., *Archive Fever: Uses of the Document in Contemporary Art*, exh. cat. International Center of Photography, New York (Göttingen: Steidl 2008).

4 "Check-in: Bettina Pousttchi in Conversation with Petra Löffler," *Bettina Pousttchi: Reality Reset*, exh. cat. Von der Heydt Museum Wuppertal (Köln: Verlag der Buchhandlung Walther König, 2008), 135-39, 136.

5 "Spiegelungen einer potenziellen Stadt: Bettina Pousttchi im Gespräch mit Markus Miessen," *Spex*, no.323 (November-December 2009): 88-91, 90.

6 Alexander Schug, ed., *Palast der Republik: Politischer Diskurs und private Erinnerung* (Berlin: Berliner Wissenschafts-Verlag, 2007); Moritz Holfelder, *Palast der Republik: Aufstieg und Fall eines symbolischen Gebäudes* (Berlin: Ch. Links Verlag, 2008).

7 Siegfried Kracauer, "Photography," (1927), in idem, *The Mass Ornament: Weimar Essays*, ed. and trans. Thomas Y. Levin (Cambridge: Harvard Univ. Press, 1995), 47-63, 50.

Totally
Hans Ulrich Obrist, Bettina Pousttchi
und Markus Miessen im Gespräch

Hans Ulrich Obrist: Meine erste Frage an Bettina ist: Wie hat alles begonnen? Was war deine Epiphanie, also wie bist du zur Kunst gekommen?

Bettina Pousttchi: Das war bei mir eher ein Prozess. Ich finde es schwierig als Künstlerin selbst nachzuvollziehen, was den Ausschlag gab. Wie war es bei dir Hans Ulrich? Gab es das, den einen Moment?

HUO: Das erste Mal wurde ich im Mai 1968 in einem Spital in Zürich geboren. Im Mai 1985, im Alter von siebzehn Jahren, wurde ich ein zweites Mal geboren, im Atelier von Peter Fischli und David Weiss. Von dem Moment an wusste ich, ich wollte Kurator werden.

BP: Ich fing mit dreizehn Jahren an zu fotografieren, als mir meine Mutter meine erste Fotokamera schenkte, eine Kodak Retinette. Damals begann ich auch in der Dunkelkammer meiner Schule eigene Abzüge anzufertigen. Zur Begegnung mit zeitgenössischer Kunst kam es erst einige Jahre später, in der zweiten Hälfte der 1980er Jahre in Paris.

HUO: Aber wann genau hat deine künstlerische Arbeit begonnen? Nach den Werken, die man als Studentin oder Student gemacht hat, gibt es ja meist diesen Moment, wo das eigentliche Werk beginnt. Wenn du irgendwann in Zukunft einmal deinen Catalogue raisonné erstellst, welches Werk stünde am Anfang?

BP: Ich habe viele Jahre an verschiedenen Orten die unterschiedlichsten Sachen studiert. Wenn ich mich an die erste Arbeit erinnere, die ich auch öffentlich machen wollte, war das sehr spät. Ich würde sagen es war 1997, im Alter von 26 Jahren.

HUO: Wenn ich mich richtig erinnere, bist du früh mit Rosemarie Trockel in Kontakt gekommen. In welcher Hinsicht hat dich das beeinflusst?

BP: Rosemarie Trockel habe ich 1997 kennengelernt, da wurde ich ihre Studentin in Düsseldorf ...

HUO: Also alles begann 1997. Das war das magische Jahr!

BP: Rosemarie war als Professorin wichtig aus vielen Gründen. Sie unterrichtete weniger im Klassenprinzip, sondern es ging mehr um Einzelgespräche mit ihr. Das Gespräch war sehr entscheidend.

HUO: Also das Gespräch als das Medium, wenn man so will.

BP: Nicht als Medium, sondern ...

HUO: ... einfach Auslöser?

BP: Ja, genau.

HUO: Rosemarie Trockel steht immer im Dialog mit der jeweils neuen, nachwachsenden Generation und gleichzeitig mit den vorhergehenden. Sie hat mir mal gesagt, ich solle Hundertjährige - Zeugen des Jahrhunderts - interviewen, und das war für mich der Auslöser, mit ganz alten Menschen Interviews zu führen, die zu einer richtigen Serie geworden sind. Sie hat uns alle sehr beeinflusst. Daher wäre es interessant, noch mehr darüber zu erfahren, was für dich wichtig war oder ist an dem Kontakt und besonders den Gesprächen mit Rosemarie Trockel.

BP: Die Gespräche fanden entweder in der Kunstakademie Düsseldorf oder in Köln statt, wo ich damals, ebenso wie Rosemarie, lebte. Wir trafen uns oft entweder in ihrem Studio, meistens in der Küche, oder in meinem Studio, zu dem damals nicht viele Leute Zugang hatten. Ja, sie hat uns allen wichtige Impulse gegeben. Sie hat mich immer angeregt, über die eigenen

Grenzen hinauszugehen und mit anderen Medien und in anderen Disziplinen zu experimentieren. Erst durch sie habe ich angefangen, Videos zu machen.

HUO: Können wir hier noch mehr in die Tiefe gehen? Sie hat also deine Beschäftigung mit Video ausgelöst, und was sonst noch? Haben sich die Dialoge auch auf Rosemarie Trockels Schülerinnen und Schüler ausgedehnt, zu denen zum Beispiel auch Thea Djordjadze gehörte? Gab es Gespräche mit Kommilitoninnen oder Kommilitonen?

BP: Rosemarie, Thea und ich haben 2003 eine Zusammenarbeit für die Biennale in Venedig gemacht, eine Foto- und Videoinstallation für die Ausstellung *Absolut Generations* und einen Beitrag für das *Utopia Station Poster Project*.

Markus Miessen: Vielleicht kannst du noch was zu den Gesprächen in der Küche sagen. Es gibt ja diese tolle Sammlung von Gesprächen, die Hans Ulrich auch komplett in seinem Archiv hat, die *Monica Pidgeon Kitchen Lectures*. Kann man sagen, ob und wie der Ort der Küche das Gespräch beeinflusst, also im Vergleich zum Gespräch im Studio oder im Museum?

BP: Die Küche war sozusagen im Studio, insofern kann man das nicht so unterscheiden ...

MM: Aha. Normalerweise findet eben außerhalb des Studios das informelle Gespräch statt, wie eben in der Küche.

BP: Ich denke oft über Gespräche im Studio nach, weil ich sehr lange eine gewisse Abneigung gegen diese merkwürdige Konvention des Studio Visits hatte. Ich habe erst nach einiger Zeit festgestellt, dass das Interessanteste an einem Studio Visit für mich ist, dass diese Situation ein Auslöser für ein gutes Gespräch sein kann. Seitdem bin ich demgegenüber etwas aufgeschlossener und habe überlegt, dass ich bald ein Buch machen möchte, *Conversations in the Studio*, denn was ist Studio

heutzutage? Es ist zum einen ein physischer Raum, wo man vielleicht ist und irgendwelche Sachen gemacht werden, aber es ist eben auch ein mentaler Raum, in dem man arbeitet, und insofern kann man den Titel *Conversations in the Studio* sehr weit verstehen.

HUO: Ein anderer wichtiger, aber weniger bekannter Aspekt von Rosemarie Trockels künstlerischem Schaffen ist, dass sie immer wieder auf unglaubliche Art und Weise mit Künstlerbüchern experimentiert hat. Man denke nicht nur an ihre unzähligen Künstlerbücher, ihre Kataloge, sondern auch daran, wie sie Literatur illustriert oder Literatur ihr Werk illustriert hat. Daneben gibt es Maquetten vieler unrealisierter Künstlerbücher, die großartig sind. Dieser Skype-Trialog, den wir heute führen, wird auch in einem Buch veröffentlicht, und Bücher spielen ja auch für dich, Bettina, eine wichtige Rolle. Können wir ein wenig über Bücher sprechen, deine eigenen Bücher, Künstlerbücher, Kataloge, und vielleicht auch noch über das Buch, in welches unser Gespräch dann eingeht? So kann der Leser oder die Leserin vielleicht auf einer Metaebene eben auch über das Buch lesen, welches er oder sie in den Händen hält. Oder wie Lawrence Weiner sagt: „Bücher möblieren ein Zimmer."

BP: Ich habe einen sehr intensiven Bezug zu Büchern. Vielleicht liegt das mit daran, dass ich in Mainz aufgewachsen bin, der Stadt, in der der Buchdruck und damit die mechanische Buchproduktion erfunden wurde, zumindest einer westlichen Geschichtsschreibung nach. Diese Buchtradition wird in der Stadt sehr bewusst gepflegt. Es gibt ein fantastisches Buchmuseum, ich war dort unzählige Male. Die ganze Geschichte des Buches von den frühesten Anfängen über das handgeschriebene Buch auf handgeschöpftem Papier, über Künstlerbücher aller Epochen bis hin zum industriellen Produkt wird dort sehr anschaulich beschrieben. Dieser frühe Einfluss zog sich dann über alle Jahre fort. In meiner künstlerischen Arbeit spielen Bücher heute eine sehr große Rolle.

HUO: Kannst du etwas über das Buch erzählen, in dem das heute geführte Gespräch abgedruckt werden soll?

BP: Der Anlass dieses Buches ist die Fotoinstallation *Echo* auf der Fassade der Temporären Kunsthalle in Berlin. Ich wollte keinen klassischen Ausstellungskatalog machen, sondern eher ein Künstlerbuch. Mich interessierte die Idee, eine Art Flipbook zu machen, das wie eine Kamerafahrt um das Gebäude erscheint. Ein Buch, wo Text zu Bild, Bild zu Architektur und Architektur wiederum zu Text wird. Ein sich gegenseitig bedingender transdisziplinärer Loop oder ein interdisziplinäres Flipbook.

MM: Wie verhält es sich mit der Ausrichtung der Textbeiträge?

BP: Ich wollte in diesem Buch Texte zusammenbringen, die das Projekt aus unterschiedlichen Blickwinkeln und aus unterschiedlichen Disziplinen beleuchten. Die Installation tangiert so viele verschiedene Bereiche, nicht nur weil sie im öffentlichen Raum stattfindet. Deshalb versammeln sich in dieser Publikation ein literarischer Text, ein philosophischer, zwei kunsthistorische Perspektiven, ein architekturtheoretischer Ansatz und unser Trialog als letzter noch ausstehender Beitrag.

MM: Kannst du noch etwas zum Thema *Echo* sagen, besonders in Bezug auf dein Interesse am Palast der Republik?

HUO: Es geht ja hier auch um einen Protest gegen das Vergessen. Wart Ihr damals dabei, als wir im Palast der Republik ein Brainstorming gemacht haben über den Fun Palace?

MM: Ja, beim „Volkspalast“. Das war außerordentlich notwendig.

HUO: Genau. Es ging um den Fun Palace von Cedric Price und um die Frage, ob der Palast der Republik vielleicht als „Volkspalast“ zu einem Fun Palace des 21. Jahrhunderts werden könnte. Jetzt ist der Palast der Republik weg, aber es sind dort die Poster von Bettina. Kannst du vielleicht noch etwas zu dieser

Idee Palast der Republik, Fun Palace und auch zum Verlust, Loss, L-O-S-S sagen?

MM: Auslöschung. Thomas Bernhard.

BP: Als im Juni 2009 die Anfrage kam, ein Projekt auf der Fassade der Temporären Kunsthalle zu realisieren, war der Palast gerade verschwunden und die grüne Wiese an die Stelle der langjährigen Abrissbaustelle getreten. Zu diesem Zeitpunkt war der Eindruck von Verlust, „Loss", wirklich eklatant. Es war ein eigenartiger Augenblick, denn das Gebäude war bereits weg, aber irgendwie auch immer noch da - wie ein Nachbild auf der Netzhaut. Diese Situation fand ich spannend. Ich wollte ein Nachbild aufbauen, nicht eine identische Rekonstruktion des Gebäudes, sondern eher ein visuelles Echo. Mich hat die Frage von Erinnerung und der Umgang mit Geschichte und Architektur interessiert. Wie wird man den Palast erinnern, wie ist er ins kollektive Bildgedächtnis eingegangen? Was ist die Rolle von Fotografie in diesem Prozess?

MM: Du hast auch selber fotografische und filmische Aufnahmen vom Palastabriss gemacht ...

BP: Als der Abriss im Sommer 2006 begann, wollte ich einen Film darüber machen und habe Stunden mit Film- und Fotoaufnahmen auf dem Schlossplatz zugebracht. Dabei habe ich gemerkt, wie traumatisch dieser Moment für viele Menschen war. Jeden Nachmittag kamen zur gleichen Zeit die immer gleichen Leute an den Ort. Es waren nicht nur Künstler, die fotografierten, sondern auch einfach Leute, die in dem Palast gearbeitet hatten und die nicht fassen konnten, was da mit ihrem Gebäude passiert, das ein Inbegriff von Macht und einem allgegenwärtigem Staatsapparat war, aber auch von Glamour und Unterhaltung.

MM: Hast du diese Aufnahmen für das Projekt verwendet?

BP: Nein. Die Aufnahmen des Abrisses liegen weitgehend unbearbeitet in meinem Studio. Für *Echo* habe ich mit Archivbildern gearbeitet, die ich wie eine Collage zusammengesetzt habe. Größtenteils musste ich die Fotos aber auch ganz neu komponieren, wegen der hohen Datenmenge, die erforderlich war.

MM: Wie bist du genau vorgegangen?

BP: Ich musste mein Echo des Palastes an die räumlichen Gegebenheiten und die Architektur der Kunsthalle anpassen. Deshalb habe ich den Palast auf die wesentlichen Strukturmerkmale reduziert. Dazu habe ich in vielen Archiven recherchiert und Hunderte von Fotos vom Palast angeschaut, vom Bau bis zum Abriss. Ich wollte verstehen, was die Wahrnehmung dieses Gebäudes ausmacht und wie es in die Archive eingegangen ist. Das jetzige Gebäude, oder vielmehr die Skulptur, sieht doch sehr anders aus als der ursprüngliche Palast. Ich habe mir wirklich Sorgen gemacht, ob mein Echo, das ich dort plakatiert habe, überhaupt mit dem Palast der Republik in Verbindung gebracht wird.

MM: Ja, aber es ist schon sehr offensichtlich, oder? Man erkennt es schon sehr klar, finde ich.

BP: Jeder erkennt es jetzt, das ist erstaunlich. Es ist sogar so, dass Menschen an der Uhr vorbeigehen, die niemals da war - sie ist ja aus dem DDR-Emblem entstanden - und sagen: „Ach, wie schön, guck mal, die Uhr ist wieder da!“ Es ist sehr interessant, wie Erinnerung funktioniert. Viele Leute wissen schon jetzt nur noch so ungefähr, wie der Palast eigentlich aussah.

MM: Kannst du noch etwas zu den Unschärfen in deinen Fotos und den horizontalen schwarz-weißen Linien sagen?

BP: Ich beschäftige mich mit Fotografie, die sich eher auf Medienbilder bezieht als auf die faktische Realität. Die schwarz-weißen Linien in den Fotos sind von mir im Zuge der Bildbearbeitung eingefügt. Mir gefällt, dass sie so an die mediale Provenienz der Bilder erinnern. Die Unschärfen eröffnen einen Möglichkeitsraum des Imaginären. Darin liegt für mich die

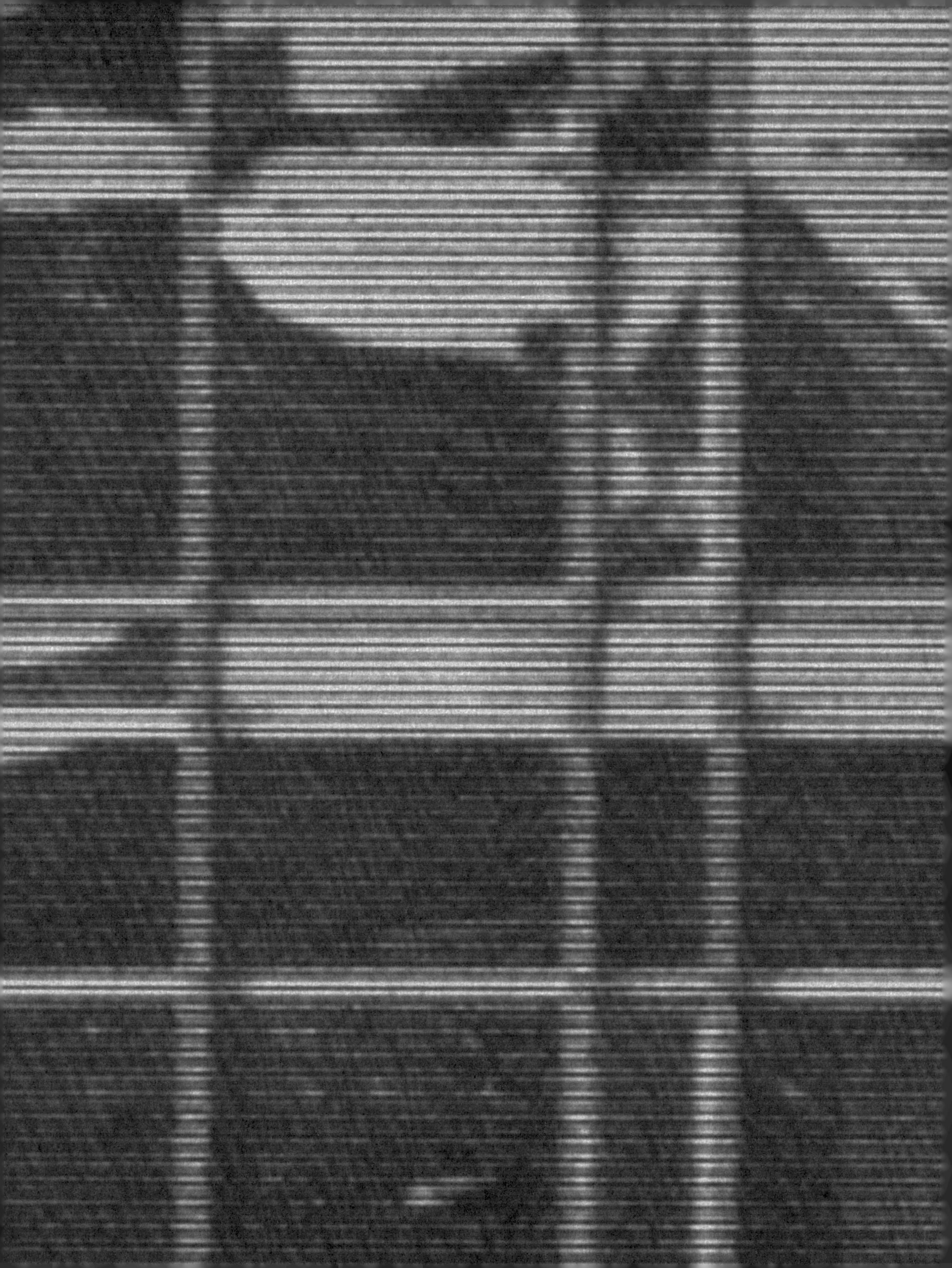

Frage beinhaltet, was Realität ist, ob und wie sie abbildbar ist und wie wir Wirklichkeit wahrnehmen. Daniel Buren sagte über *Echo* zu mir: „C'est un souvenir en photo, qui n'est pas un photo-souvenir." Das beschreibt den Moment von Erinnerung und Gedächtnis sehr treffend. Ist es nicht interessant, dass die Vergangenheit meistens in Schwarz-Weiß dargestellt wird und die Zukunft in Farbe? Godard hat dies in einem seiner Filme mal vertauscht, und diese andere Repräsentation der Zeitachsen ist sehr seltsam und verwirrend.

MM: Was bedeutete dir der Palast ganz persönlich?

BP: Ich kannte ihn vor allem aus der Nachwendezeit, wo sich seine Bedeutung für die Gesellschaft fundamental änderte. Es fanden dort die unterschiedlichsten Zwischennutzungen statt, und das war eine sehr produktive Zeit für Berlin. Über die vielen Jahre hinweg wurde der Palast für mich dann auch eher zu einem Symbol der überwundenen Teilung Berlins und Deutschlands.

HUO: Kommen wir noch mal zurück zu Cedric Price' unrealisiertem Hauptwerk, dem Fun Palace aus den Jahren 1961 bis 1974, eine interdisziplinäre Mehrzweckkomplexstruktur für Theater und andere kulturelle Projekte. Price hat ein Gebäude vorgeschlagen, das nicht für die Ewigkeit gemacht ist, sondern für einen beschränkten Zeitrahmen und dann wieder verschwinden würde. Die Idee entstand aus dem Dialog mit Joan Littlewood und ist eine Kombination aus fixen und mobilen Elementen, die je nach Bedarf hinzugefügt oder weggenommen werden können - also Addition und Subtraktion - auch während das Gebäude bespielt wird. Gemäß Price würde dies eine vollständige Freiheit in der Nutzung garantieren - ein Gebäude, das den Notwendigkeiten einer Verbindung verschiedener Disziplinen und Praktiken gerecht würde. Das führt uns nochmals zu der von Bettina schon kurz angesprochenen Transdisziplinarität. Auch deine Praxis artikuliert sich ja zwischen Kunst und anderen Disziplinen.

BP: Im Fall der Fotoinstallation *Echo* handelt es sich um eine Arbeit, die sich zwischen den Disziplinen Kunst und Architektur und innerhalb der Kunst zwischen Fotografie und Skulptur bewegt. Cedric Price ist mir bei diesem Projekt an verschiedenen Stellen in den Sinn gekommen. Einerseits beim Nachdenken darüber, was der Palast der Republik war. Das Konzept, ein Parlamentsgebäude mit einem Freizeit- und Unterhaltungszentrum zu verbinden, ist sehr faszinierend und heute fast undenkbar. In dem Palast gab es alles, von Bowlingbahn über Disco, Restaurants, Theater, Konzerthallen, und andere Dinge. Es wurden somit unterschiedliche Freizeitaktivitäten angeboten, und gleichzeitig fanden dort die Parteitage der SED statt. Des Weiteren bei der Volkspalastinitiative, die 2004 im Rahmen einer Zwischennutzung versuchte, eine an Price angelehnte, flexible Nutzung im Palast zu realisieren. Darüber hinaus auch hinsichtlich der Idee der Temporären Kunsthalle, also der Idee eines temporären Ausstellungsraums und einer in gewisser Weise auch flexiblen Struktur. Oder wie siehst du, Markus, die Architektur der Kunsthalle?

MM: Ja, das ist halt eine Box. Also eine Schuhbox, ein Schuhkarton. Aber eines wollen wir hier mal ganz klar festhalten: Nichts hätte schlimmer sein können als diese Wolke von Graft. Deshalb: Hail to the box, hail to the box. An deinem Projekt *Echo* ist ja interessant, dass dein eigentliches Medium Fotografie ist. Die Teile, mit denen du umgehst, sind fotografische Prints, aber das, was du eigentlich am Ende produzierst, ist fast etwas Städtebauliches. Vielleicht kannst du vor dem Hintergrund der Transdisziplinarität etwas dazu sagen, wie die Arbeit mit dem Medium Fotografie auf einmal zu etwas komplett anderem wird.

BP: Es war ein spannender Prozess für mich, diese Arbeit über all die Monate zu beobachten und vor Ort zu fotografieren. Wo ich üblicherweise Realität fotografiere, sie anschließend bearbeite und dann im White Cube ausstelle, stand mir jetzt plötzlich meine eigene bearbeitete Fotografie in der Realität gegenüber, in Form dieser gewaltigen Fotoskulptur. Die Möglichkeit zu haben, mich fotografisch meiner eigenen Fotografie zu nähern,

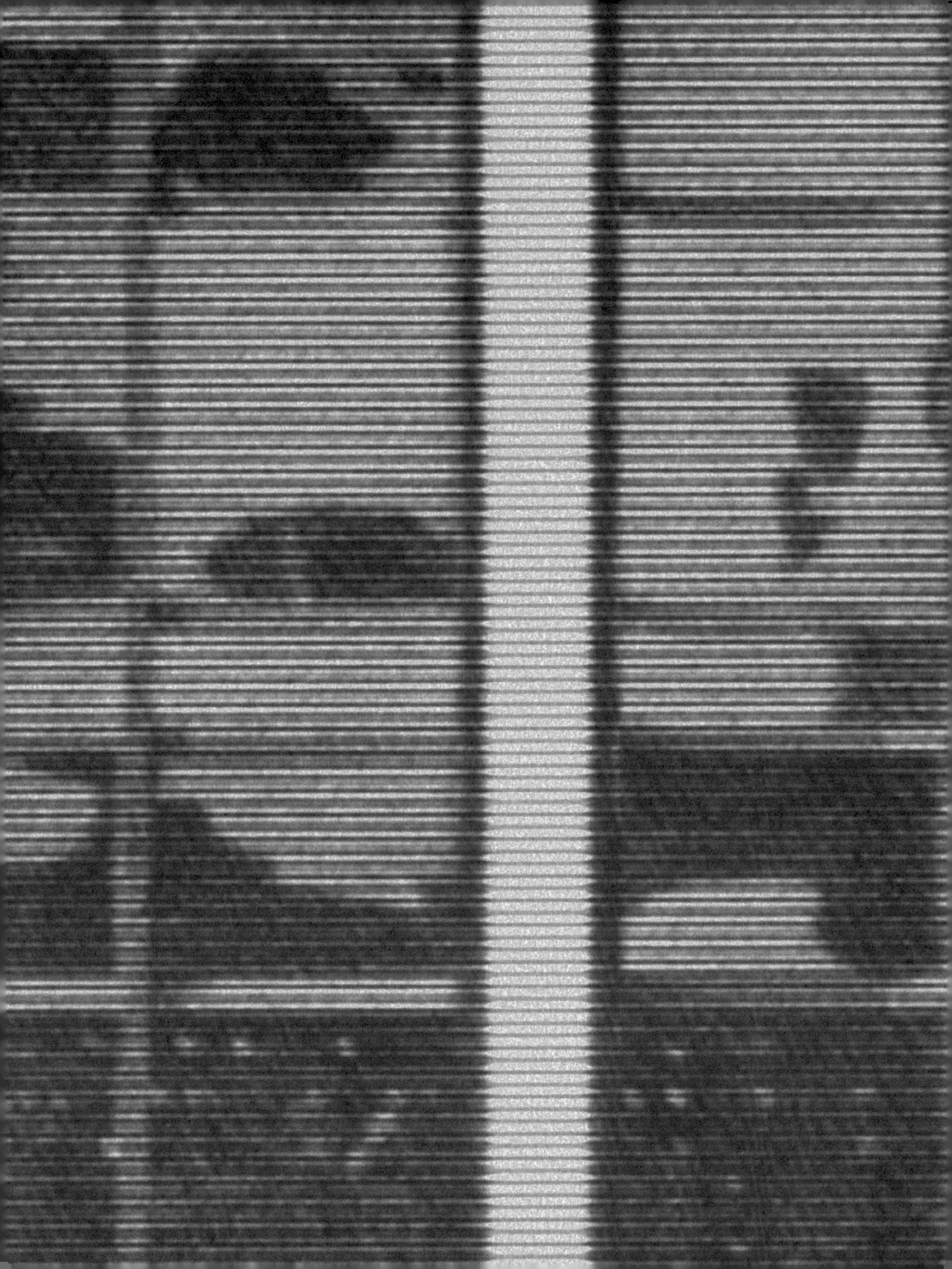

war sehr faszinierend, denn die Realitätsverschiebung, die normalerweise zwischen den von mir bearbeiteten Fotos und dem Umfeld stattfindet, findet nun innerhalb eines fotografischen Frames statt.

MM: Ja, interessant.

BP: Der lange Zeitraum von sechs Monaten, in dem die Installation im öffentlichen Raum stand, bedingte unter anderem, dass es nicht eine einzige, absolute Ansicht der Arbeit gab, da sich alles ständig veränderte. Nicht nur das Licht und die Jahreszeiten, sondern auch der Zustand des Gebäudes, und insbesondere der urbane Raum des Schlossplatzes wandelten sich permanent und in rasender Geschwindigkeit. Auch darin liegt ein interessanter Unterschied von Projekten im öffentlichen Raum zu Ausstellungen im Inneren von Kunstinstitutionen, bei denen der White Cube die Konstante und die ausgestellten Arbeiten die sich verändernde Variable darstellen. Auf dem Schlossplatz war für sechs Monate meine Installation *Echo* die Konstante und der Ausstellungsraum, die Stadt, die Variable. So ist jetzt eine umfangreiche Fotoserie entstanden, in der Fotografie, Skulptur und Architektur verschmelzen.

MM: Womit wir den Bogen zurückgeschlagen hätten zu Hans Ulrichs Frage nach der Transdisziplinarität. Bei deinem Projekt geht es ja um Fotografie im öffentlichen beziehungsweise im Außenraum, und in dem Moment wird Fotografie ja auch schon an sich zu etwas anderem.

BP: Fotografie im öffentlichen Raum zu realisieren, war für mich eine ganz neue Erfahrung und eine großartige Herausforderung. Nicht nur weil man ein viel breiteres Publikum als das übliche Kunstpublikum erreicht, sondern weil es insgesamt eine ganz andere Erfahrung ist, als innerhalb des geschützten Raumes einer Kunstinstitution auszustellen. So gab es beispielsweise keine Öffnungszeiten, die Arbeit war 24 Stunden pro Tag, kostenlos und für alle zugänglich. In ein paar Monaten werde ich eine weitere

Arbeit im öffentlichen Raum realisieren. Diesmal ist es die Fassade der Art Basel, wo ich im Rahmen der Art Public Projects eine Fotoinstallation anbringen werde. Ich bin gespannt, was da passiert.

HUO: Die große transdisziplinäre Institution fehlt weiterhin, und diesen Fun Palace irgendwann zu bauen, ist mein bisher größtes, unrealisiertes Projekt. Bettina, was ist dein großes, unrealisiertes Projekt? Was sind die noch nicht gebauten Straßen, die „unbuilt roads of Bettina Pousttchi"?

BP: Da gibt es sehr viele; oft tangieren sie andere Disziplinen. Zum Beispiel möchte ich schon sehr lange gerne ein Bühnenbild entwickeln. Und ich würde auch sehr gerne, da ich sonst immer quasi frei und im kleinen Team, wenn nicht sogar alleine, fotografiere angewandte Fotografie machen - in einem großen Team von Spezialisten, zum Beispiel ein Fashion-Shooting. Außerdem denke ich schon länger über ein Projekt nach, bei dem die Weltordnung in Zeitzonen aufgehoben wird.

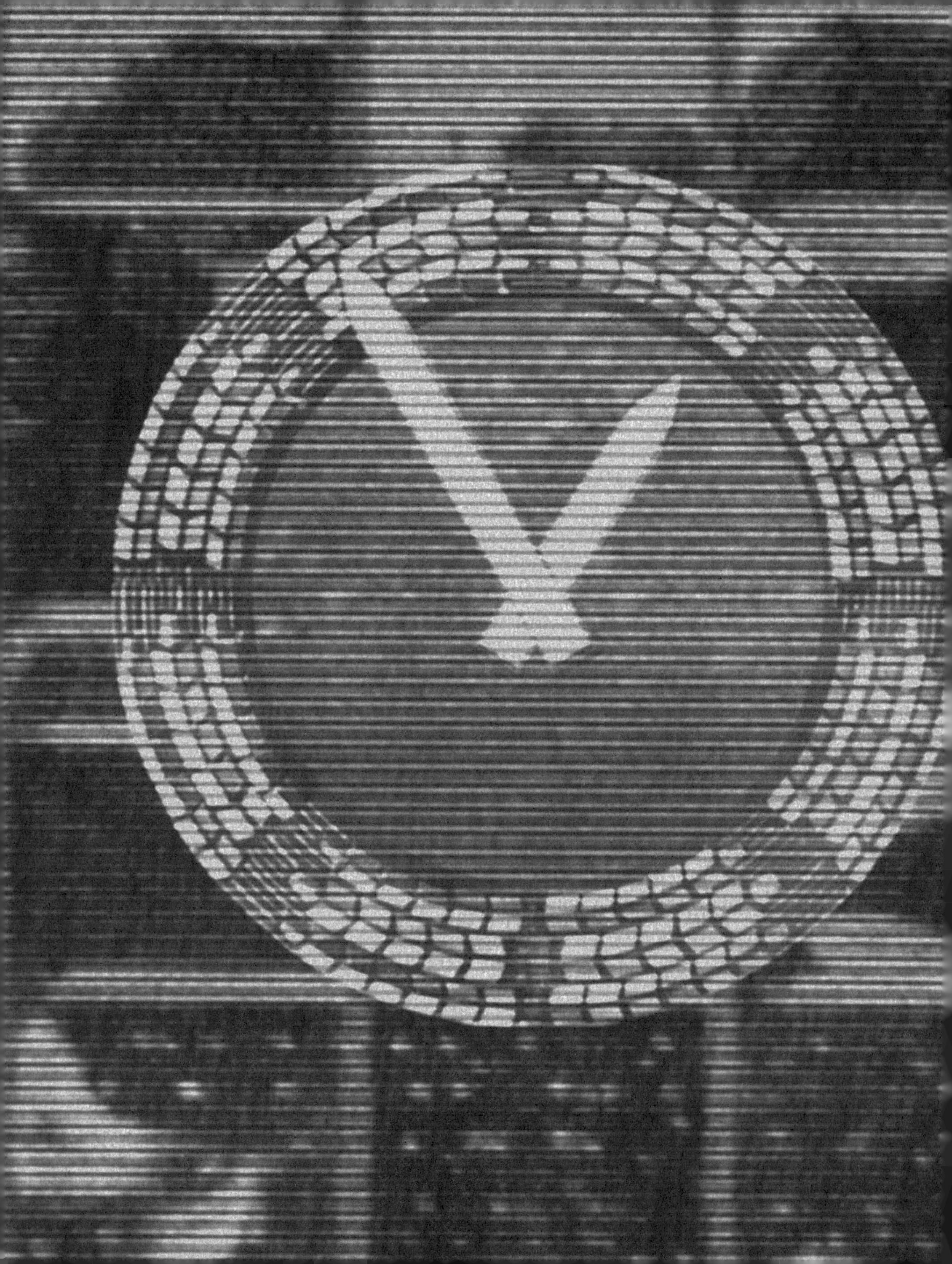

Totally

Hans Ulrich Obrist, Bettina Pousttchi and Markus Miessen in conversation

Hans Ulrich Obrist: My first question for Bettina is: When did it all begin? What was your epiphany, that is, when did you first realize you were an artist?

Bettina Pousttchi: For me it was more of a process. As an artist, I find it difficult to look back and say that *this* or *that* particular event was the determining factor. What about you, Hans Ulrich? Was there a single moment when you just knew?

HUO: I was born for the first time in May 1968 at a hospital in Zurich. I was born for the second time in May 1985 at age seventeen, in the studio of Peter Fischli and David Weiss. From that moment on, I knew I wanted to be a curator.

BP: I started taking photographs at thirteen, when my mother gave me my first camera, a Kodak Retinette. At that time I also began to make my own prints in my school's darkroom. I only encountered contemporary art a few years later, in the second half of the 1980s, in Paris.

HUO: But when exactly did your work as an artist begin? After one's student work, there usually comes a moment when one's actual work begins. At some future point, when you compile your catalogue raisonné, what will be the first work mentioned?

BP: For many years, I studied all kinds of things in many different places. When I try to think back to the first work I ever wanted to make public, it was quite late. I'd say it was in 1997, when I was twenty-six.

HUO: If I remember correctly, you came in contact early on with Rosemarie Trockel. How did that experience influence you?

BP: I met Rosemarie Trockel in 1997 when I became her student in Düsseldorf ...

HUO: So it all started in 1997. That was the magic year!

BP: As a professor, Rosemarie was important to me for many reasons. Her teaching didn't so much take the form of classroom instruction; it was more a matter of one-on-one conversations. Conversation was key.

HUO: So conversation as the medium, so to speak.

BP: Not a medium, but rather ...

HUO: ... a trigger?

BP: Yes, exactly.

HUO: Rosemarie Trockel is always in dialogue with the new, up and coming generation and with the preceding ones as well. She once told me I should interview people who had reached the age of one hundred - who had been witnesses to the century - and that was the catalyst for me: conducting interviews with very old men and women, which ultimately turned into an entire series. She exerted a crucial influence on all of us. So it would be interesting to hear more about what was or is important to you about your contact and especially your conversations with Rosemarie Trockel.

BP: The conversations took place either at Kunstakademie Düsseldorf or in Cologne, where I lived at the time, like Rosemarie. We often met either in her studio (usually in the kitchen) or in mine, to which not many people had access at the time. Yes, she was a huge inspiration for all of us. She always encouraged me to go beyond my boundaries, to experiment with other media and other disciplines. It's because of her that I started making videos.

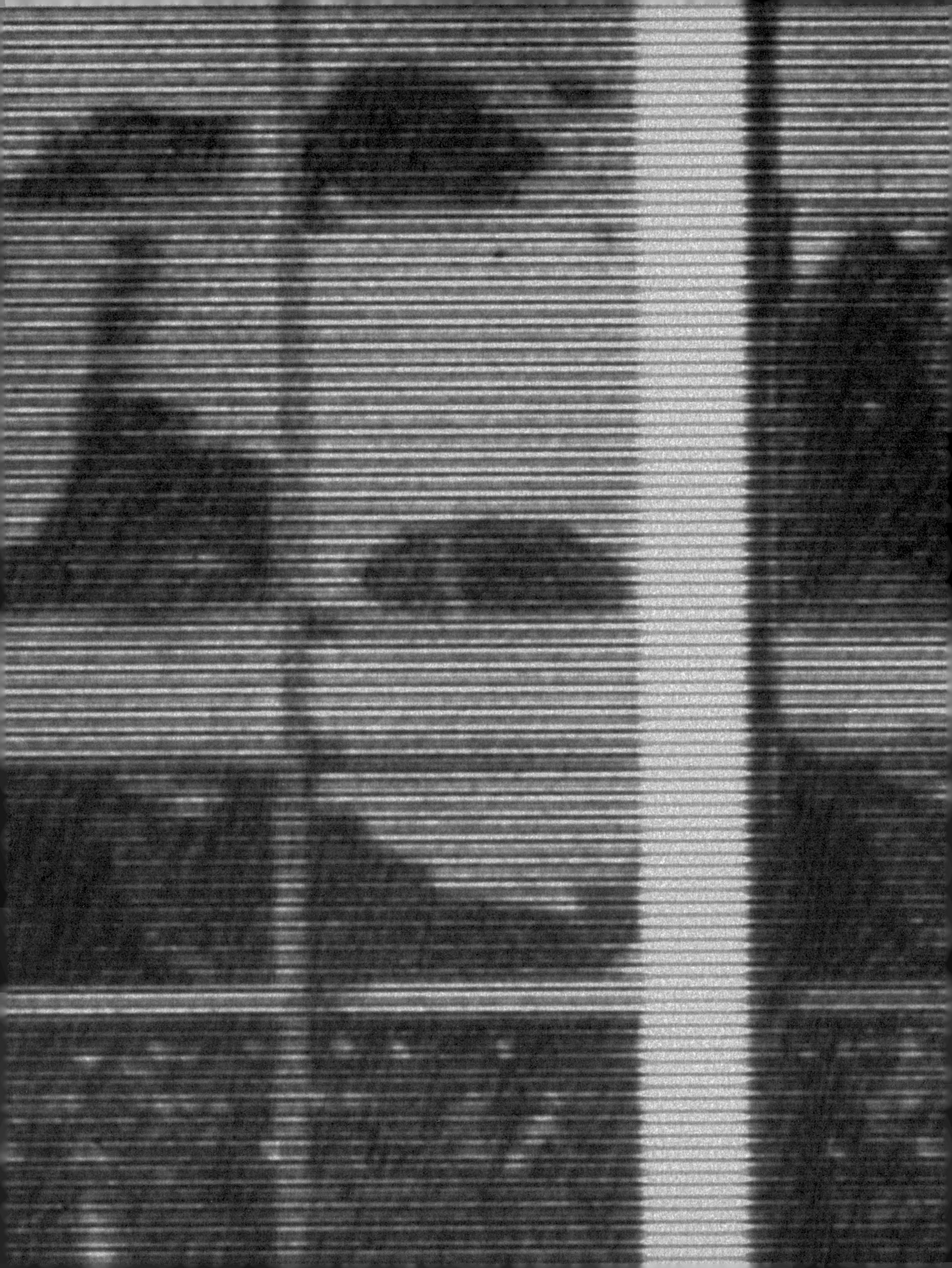

HUO: Would it be possible to dig deeper here? So she initiated the videos ... and what else? Did the conversations ever include Rosemarie Trockel's other students, one of whom, for example, was Thea Djordjadze? Were there conversations with them?

BP: Rosemarie, Thea, and I did a collaboration for the Venice Biennale in 2003, a photography and video installation for the exhibition *Absolut Generations*, and a work for the *Utopia Station Poster Project*.

Markus Miessen: I wonder if you could say a little bit more about the conversations in the kitchen. There's this fabulous collection of conversations all of which Hans Ulrich has in his archives: the *Monica Pidgeon Kitchen Lectures*. Could we talk about whether and how the kitchen as a location influences the kinds of conversations that take place there, for example, compared to conversations in a studio or a museum?

BP: In this case, the kitchen was more or less part of the studio itself, so there wasn't really a distinction ...

MM: Aha. Informal conversations usually take place outside the studio, precisely in environments like the kitchen.

BP: I often think about conversations in the studio, because for a long time I disliked this strange convention of the "studio visit." It took me some time to realize that for me, the most interesting thing about studio visits is that they can become the impetus for good conversation. Since then, I've become somewhat more open to the idea, and I've been thinking about making a book called *Conversations in the Studio*, since after all what *is* a studio these days? On one hand, it's a physical space where you spend time and where various things get made, but at the same time it's also a mental space that you work in, and in this sense the title *Conversations in the Studio* could be understood very broadly.

HUO: Another important aspect of Rosemarie Trockel's work, but one that's less widely known, is the fact that she's done all of these incredible experiments with artist's books. I'm thinking not just of her innumerable artist's books, her catalogs, but also about how she's illustrated literature or how literature has illustrated her work. She also has a lot of maquettes of artist's books that haven't been realized, which are wonderful. This Skype trialogue that we're having today will also be published in a book, and I know that for you, Bettina, books play a very important role as well. Could we talk a little bit about books - your own books, artist's books, catalogs, and also perhaps the book in which this conversation is going to appear? That way perhaps there can be a kind of meta-level, where the reader reads about the book they have in their hands. Or as Lawrence Weiner says, "books furnish a room."

BP: I have a very intense relationship with books. Part of the reason may be that I grew up in Mainz, the city where the printing press was invented and hence the mechanical production of books, at least in terms of a Western historiography. This bookmaking tradition is something that is cultivated very consciously there. There's a fantastic book museum; I've been there more times than I can count. It presents a very vivid picture of the whole history of the book, from its earliest beginnings as manuscripts on handmade paper to artist's books from different historical periods all the way to books as industrial products. This early influence has stayed with me over the years. Books play a very important role in my artistic practice today.

HUO: Can you tell us something about the book in which the conversation we're having right now will be published?

BP: The occasion for the book is *Echo,* my photo installation on the facade of the Temporäre Kunsthalle in Berlin. I didn't want to produce a typical exhibition catalog, but rather an artist's

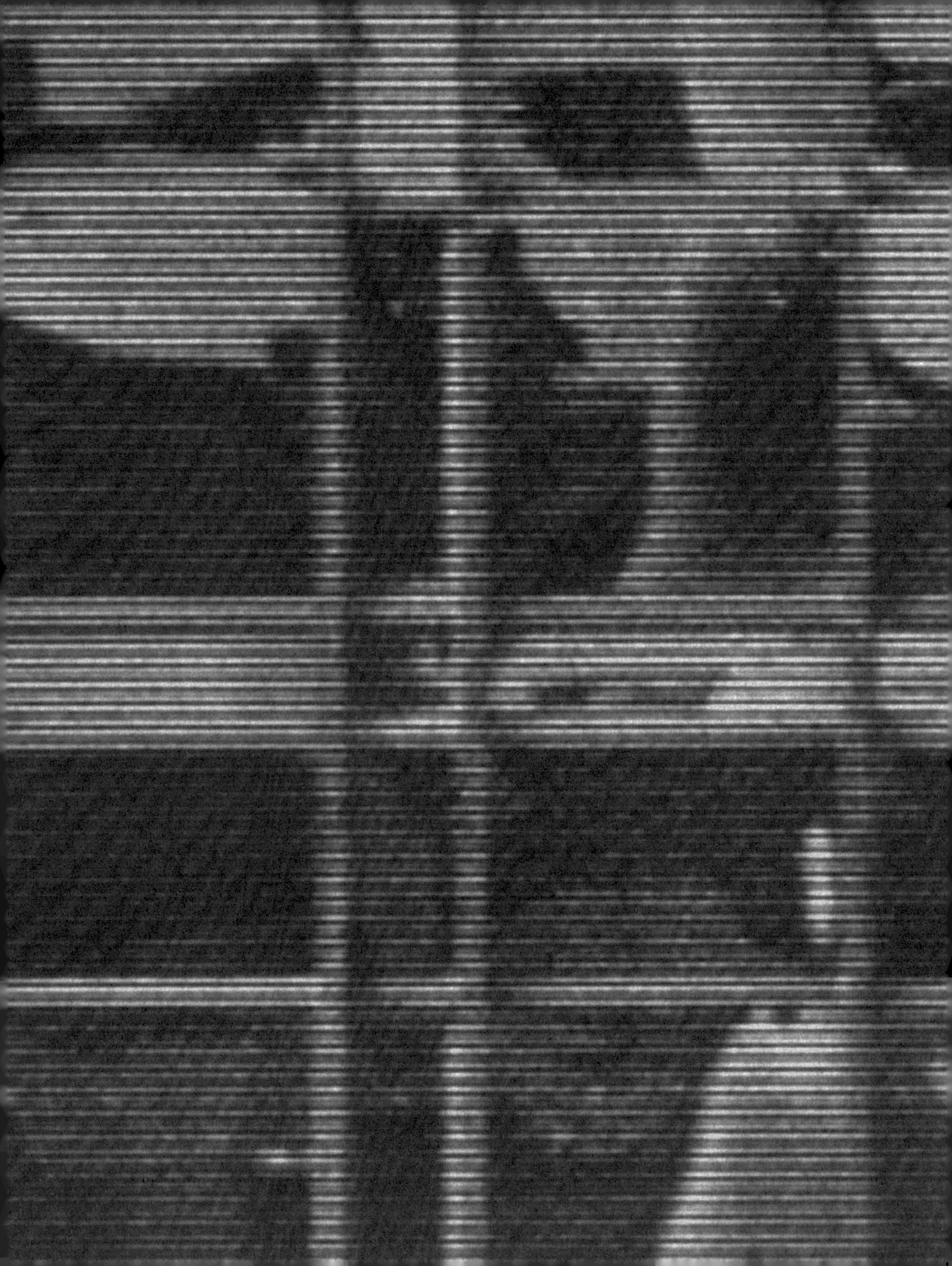

book. I was interested in the idea of making a kind of flipbook that would seem to present a tracking shot that circled the building. A book where text becomes image, image becomes architecture, and architecture in turn becomes text. A kind of interdependent transdisciplinary loop or interdisciplinary flipbook.

MM: What kind of texts will be included in the book?

BP: In this book, I wanted to bring together texts that would shed light on the project from various different angles and various different fields. The installation touches on so many different areas, and not just because it took place in the public space. Thus, this publication includes a literary text, a philosophical text, two art-historical perpectives, an approach from architecture theory, and our trialogue as the last,final element.

MM: Could you say a bit about *Echo,* especially in connection with your interest in the Palast der Republik?

HUO: It's also a protest against forgetting. Were the two of you there when we had that brainstorming session about the Fun Palace at the Palast der Republik?

MM: Yes, the "Volkspalast." That was extremely important.

HUO: Exactly. The subject was Cedric Price's Fun Palace and whether it might not be possible to turn the Palast der Republik into a Fun Palace for the twenty-first century, perhaps as a "Volkspalast." Now the Palast der Republik is gone, but Bettina's posters are there. I wonder if you could say more about this idea of the Palast der Republik and the Fun Palace, and also on the subject of Verlust, loss, L-O-S-S?

MM: Extinction. Thomas Bernhard.

BP: In June 2009, when I was commissioned to do a project for the facade of the Temporäre Kunsthalle, the Palast had just been finally demolished, and the green lawn had just replaced the demolition site that had been there for so many years. At that particular moment, the sense of Verlust, loss, was extremely palpable. It was a strange moment, because the building was already gone but it was somehow still there - like an afterimage on the retina. I found this situation fascinating. I wanted to construct an afterimage - not an identical replica of the building but rather a visual echo. I was interested in the question of memory and how history and architecture get dealt with. How will the Palast be remembered, how has it entered the collective visual memory? What is the role of photography in this process?

MM: You also took your own video and photographs of the demolition of the Palast ...

BP: In the summer of 2006, when the demolition began, I wanted to make a film about it, and I spent hours at the Schlossplatz shooting video and taking photographs. As I did so, I noticed how traumatic a moment it was for many people. Every afternoon at the same time, the same people would come. Not just artists coming to take photographs but ordinary people who had worked at the Palast and couldn't believe what was happening to their building, which had been the embodiment of power and an omnipresent state apparatus but also an embodiment of glamor and entertainment.

MM: Did you use those images as part of the project?

BP: No. The images of the demolition are still lying unedited in my studio. For *Echo*, I worked with archival images, which I put together like a collage. For the most part, however, I had to compose entirely new files because of the large amount of data required.

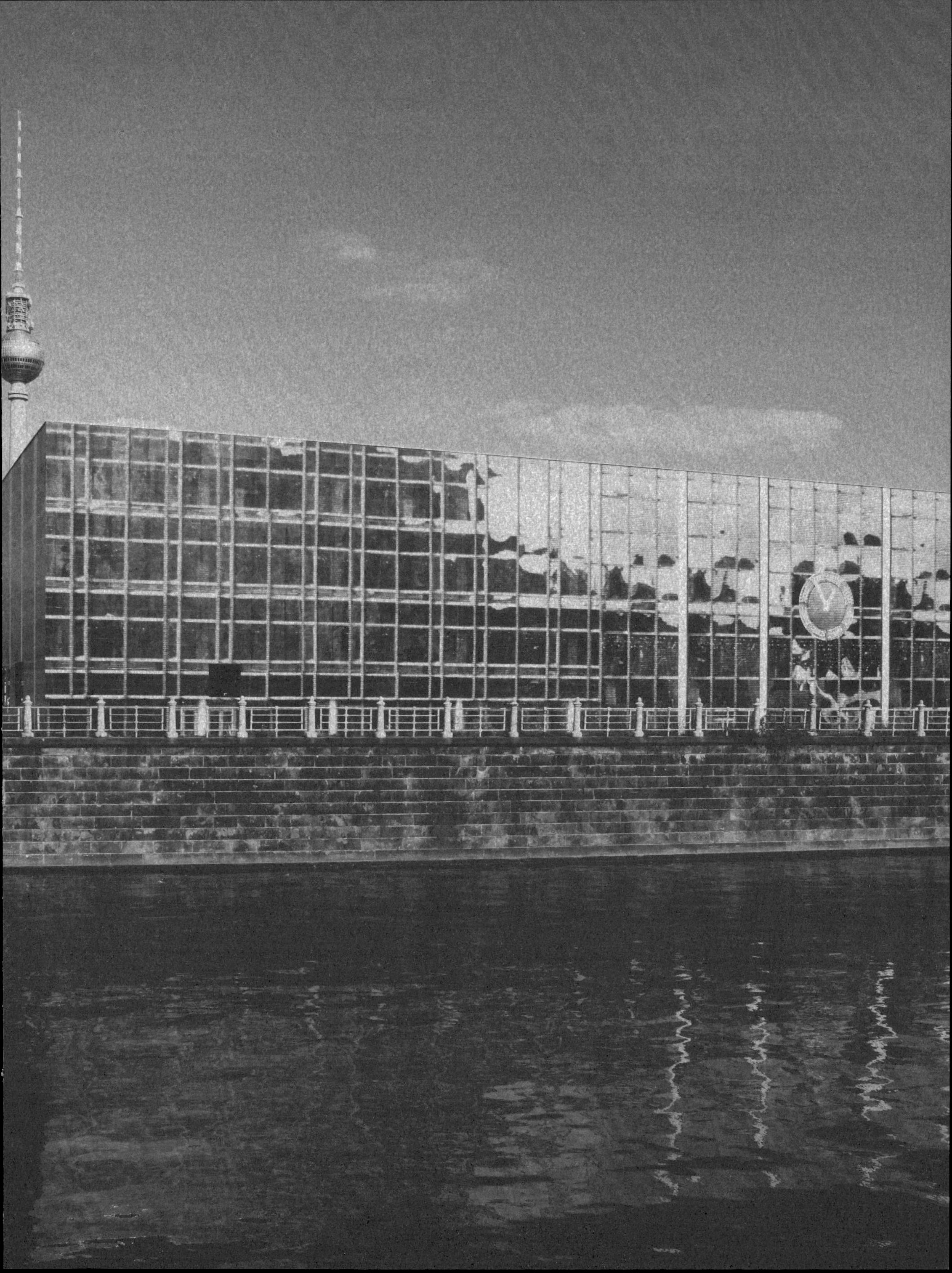

MM: What exactly did you do?

BP: I had to adapt *Echo* to the spatial parameters and architecture of the Kunsthalle. So I reduced the Palast to its essential structural characteristics. As part of this, I did research in many different archives and looked at hundreds of photographs of the Palast, from construction to demolition. I wanted to understand what makes up the perception of this building and how it had entered the archive. After all, the current building, or rather my sculpture, looks very different from the original Palast. I was actually worried that people wouldn't make the connection between my echo, which I'd put up there, and the Palast der Republik.

MM: The connection seems quite obvious to me, no? I find it's clearly recognizable.

BP: Everyone recognizes it now - it's amazing. I've even seen people walk past the clock, which was never there in the first place - it's a transformation of the national emblem of the GDR - and say, "Oh, how nice - look, the clock is back!" It's very interesting to see how memory functions. Even now, there are a lot of people who only have a vague idea of what the Palast actually looked like.

MM: I wonder if you could also say something about the blurriness of your photographs and the horizontal black-and-white lines?

BP: I am interested in photographs that reference media reality rather than factual reality. I added the black-and-white lines to the photographs in the editing process. I like the fact that this way they allude to their origin in the media. The blurriness opens up a space of possibility for the imaginary. For me, this visual uncertainty evokes the question of what reality is, whether and how it can be represented, and how we perceive it. Daniel Buren told me, referring to *Echo*: "C'est un souvenir en photo, qui n'est pas un photo-souvenir." That's a very apt description of the moment of memory and remembering. Isn't it interesting that the past is usually represented in black and white, while the future is depicted in color? Godard inverted this convention in one of his films, and this different approach to representing timelines is very strange and very confusing.

MM: What did the Palast mean to you personally?

BP: I knew it primarily from the period after the fall of the Wall, when its meaning for society was fundamentally changing. The empty building served as a venue for a wide variety of temporary uses, and that was also a very productive period for Berlin. Over the years, the Palast became for me a symbol of overcoming the division of Berlin and of Germany.

HUO: Let's come back to Cedric Price's unrealized major work from the years 1961 to 1974: the Fun Palace, an interdisciplinary multipurpose structure for theater and other cultural projects. Price proposed a building that was not intended to last forever but only for a limited time, and which would then disappear again. The idea came out of a dialogue between the architect and Joan Littlewood and involves a combination of fixed and movable elements which can be added or removed as needed - hence addition and subtraction - even while the building is in use. According to Price, this would guarantee complete freedom in terms of how the structure is used - a building like this would do justice to the demands arising from the combination of different fields and practices. That brings us back to the notion of transdisciplinarity, which was already briefly touched on by Bettina. Your practice also positions itself between art and other disciplines.

BP: In the case of the photo installation *Echo*, we're dealing with a work that moves between art and architecture and, within art, between photography and sculpture. Cedric Price came to my mind at various different points throughout the project. First of all, while thinking about what the Palast der Republik was.

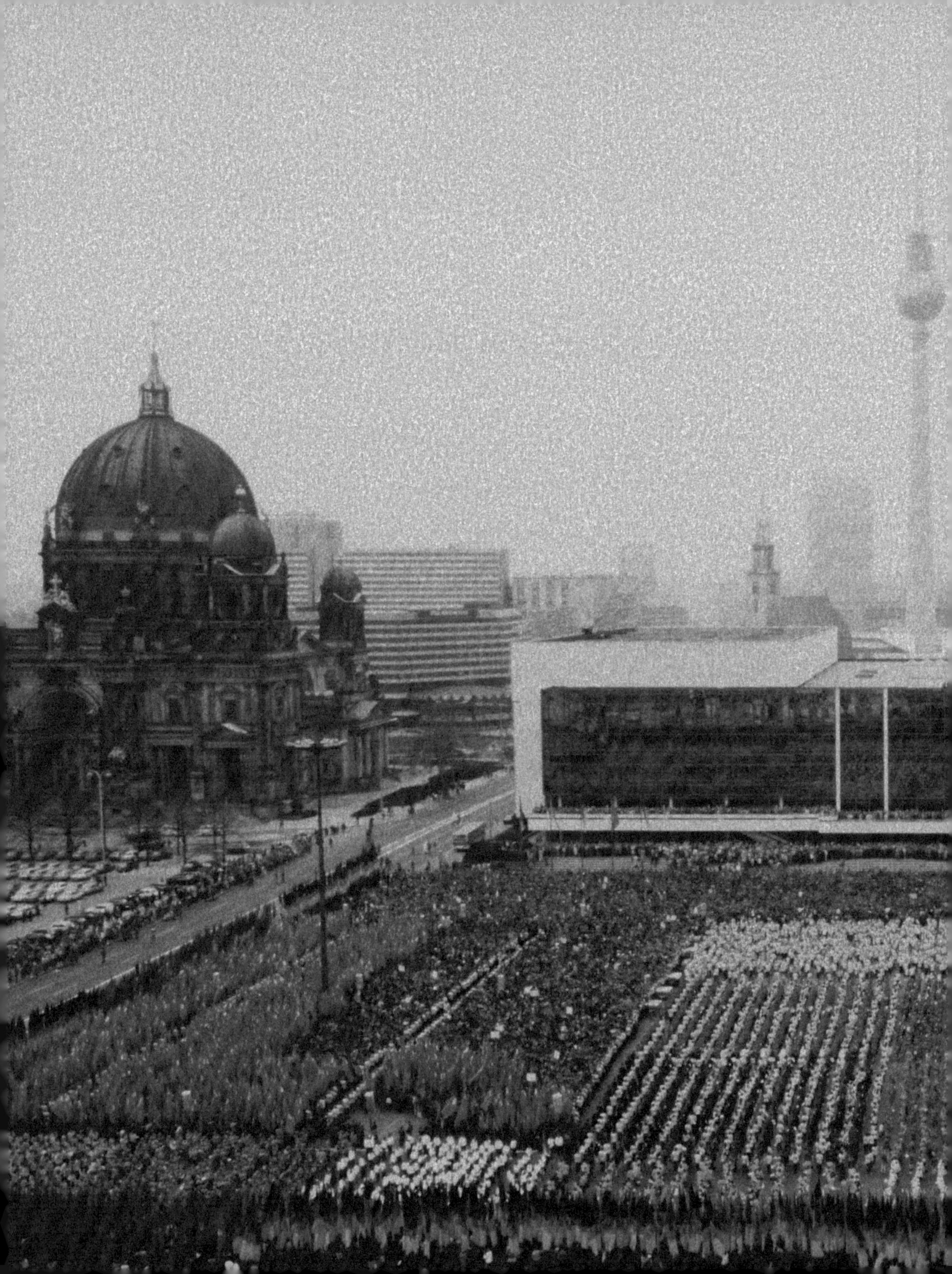

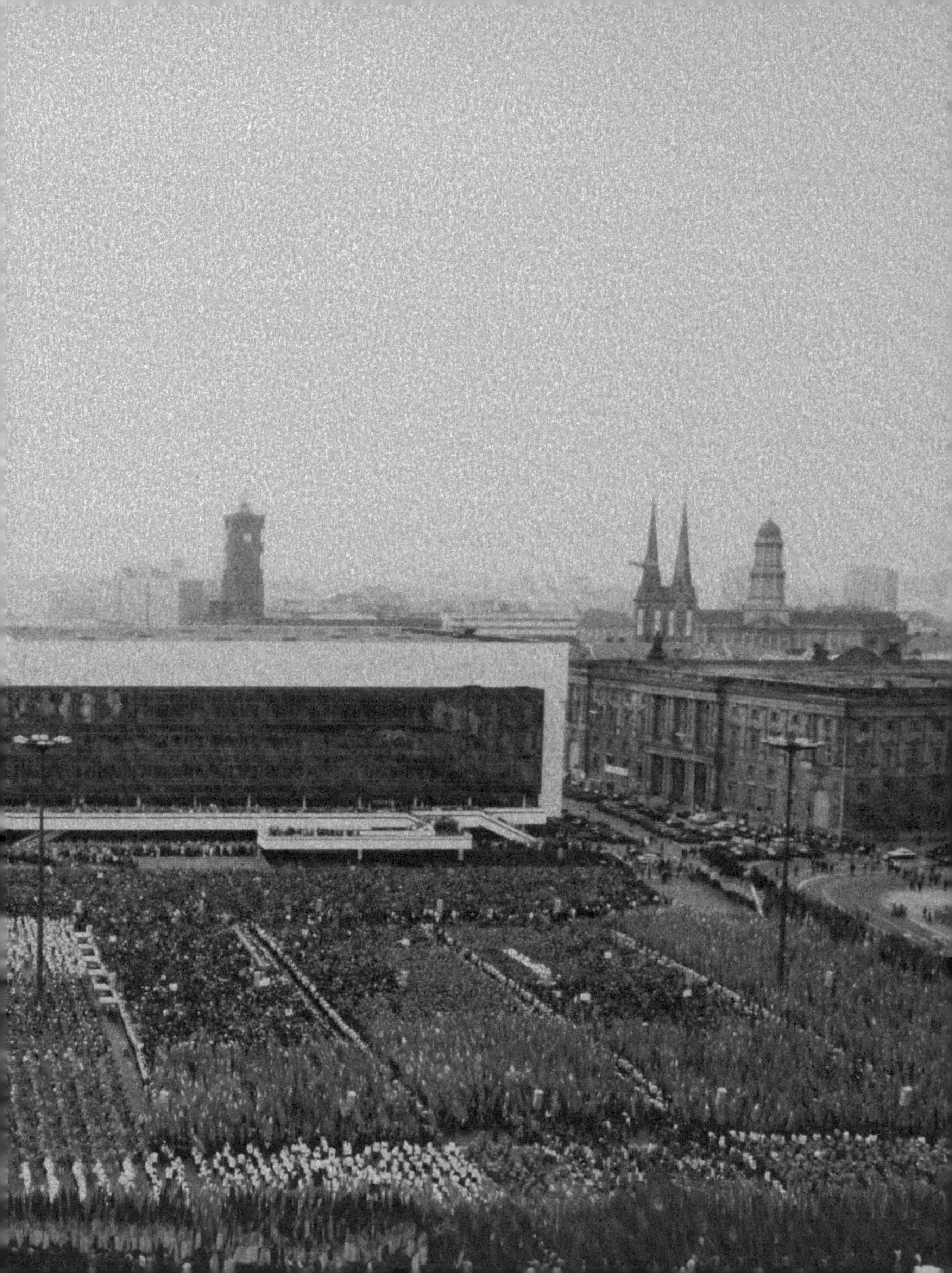

The concept of combining a parliament building with a leisure and entertainment center is quite fascinating and almost unthinkable today. The Palast contained everything, from bowling alleys and discos to restaurants, theaters, concert halls, and more. Thus, it offered a range of different leisure activities, and yet it hosted the party congresses of the SED. Price also came to mind in connection with the Volkspalast initiative, which sought to realize a flexible-use venue inspired by his work in 2004. There is also a connection to the concept of the Temporäre Kunsthalle, the idea of a temporary exhibition space and a building that is to some extent a "flexible" structure. How do you see the architecture of the Kunsthalle, Markus?

MM: Well, it's a box, a shoe box. But there's one thing we need to be very, very clear on, and that's the fact that nothing could be worse than this "cloud" proposed by Graft. So: hail to the box, hail to the box. One of the interesting things about your project, *Echo*, is that your actual medium is photography. The elements you work with are photographic prints, and yet what you actually end up producing is something that almost falls into the category of urban planning. In terms of transdisciplinarity, perhaps you could say something about how a work that operates with the medium of photography suddenly turns into something completely different.

BP: For me, it was a fascinating process to observe this work over the course of the months that it was on display and to photograph it on site. Usually, I photograph reality, then alter the photographs, and exhibit them in a white cube. But in this case, my altered photographs were suddenly standing in front of me in reality, in the form of this enormous photographic sculpture. It was quite fascinating to be able to approach my own photography as a photographer, since the reality shift that normally takes place between my photographs and the environment was now taking place within the photograph itself.

MM: Right, that's interesting.

BP: The fact that the installation was on display in the public space for such a long time - six months - meant that, among other things, there wasn't just one single absolute view of the work, since everything was in a permanent state of flux. It wasn't just the light and the seasons - the condition of the building and the urban environment of the Schlossplatz in particular were constantly changing and at a tremendous pace. That's another interesting difference between projects in public space and exhibitions that take place inside of an art institution, where the white cube is the constant and the exhibited works are the variable that changes over time. At the Schlossplatz, for six months my installation *Echo* was the constant and the exhibition space, the city, was the variable. The result is that there is now this extensive series of photographs fusing photography, sculpture, and architecture.

MM: Which brings us back to Hans Ulrich's question about transdisciplinarity. Your project involves photography in the public space or outside, and of course as soon as that's the case, photography immediately becomes something else.

BP: Exhibiting my photographs in the public space was a totally new experience for me and a great challenge. Not just because you reach a much broader audience than you normally would in a gallery or museum, but also because it's an altogether different experience from exhibiting your work in the privileged and protected space of an art institution. For example, there were no opening hours, the work was availaible twenty-four hours a day, for free and for all. I'm going to produce another work in the public space in a couple of months. This time it will be on the facade of Art Basel, where I've been invited to install a photo installation as part of the *Art Public Projects.* I'm curious to see what will happen there.

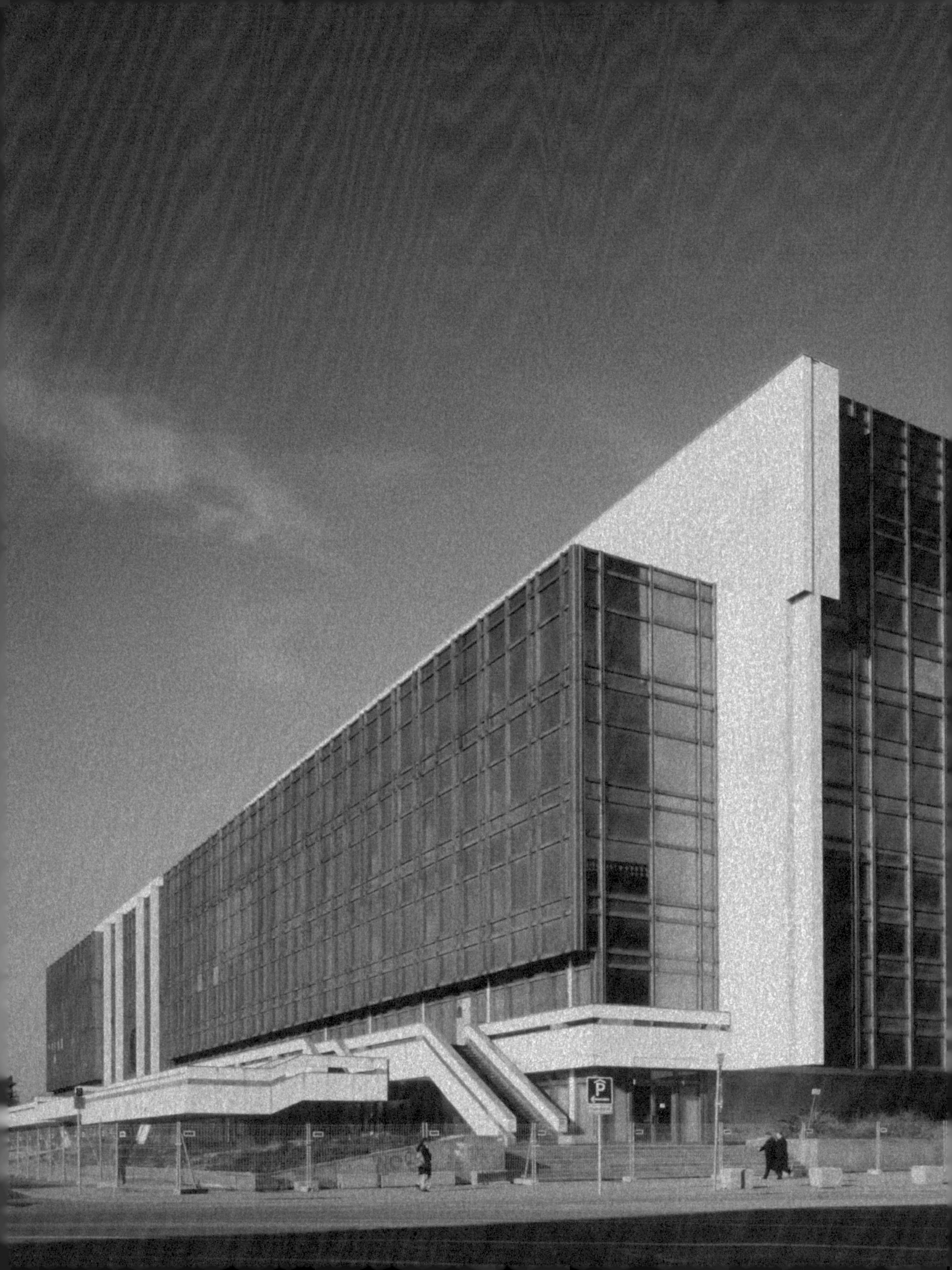
P

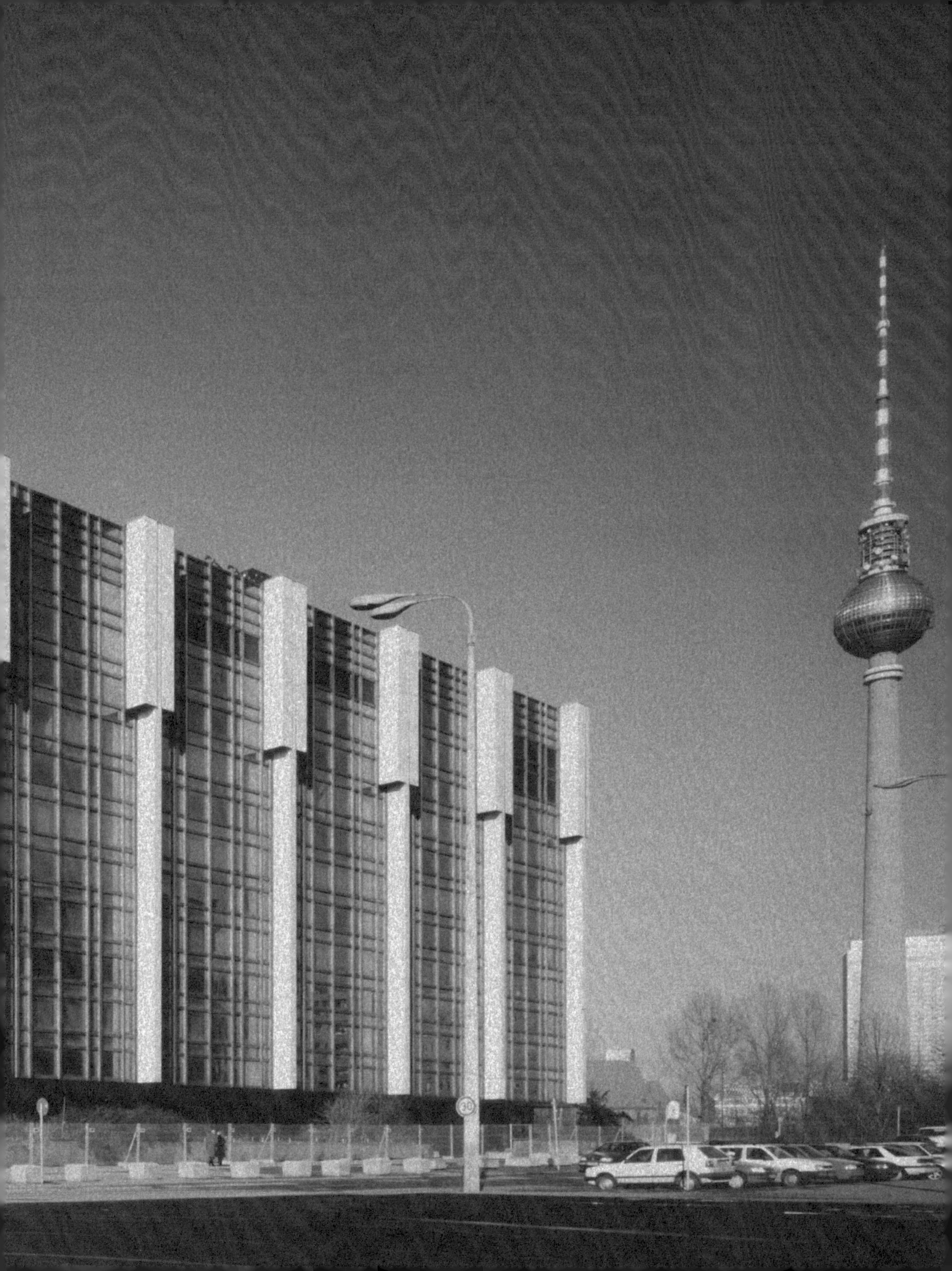
30

HUO: We still don't have a great transdisciplinary institution, and building that Fun Palace at some point in the future is still my biggest unrealized project. What is your biggest unrealized project, Bettina? What are the streets that have not yet been constructed, the "unbuilt roads of Bettina Pousttchi"?

BP: There are many; they often involve other disciplines. For example, for a long time I've been wanting to develop a stage set. And given that I normally take my photographs more or less independently and as part of a little team or even alone, I'd also very much like to do some applied photography as a member of a large team of specialists - a fashion shoot, for example. For some time, I've also been thinking about a project involving a world order in which all time zones have been abolished.

Schatten und Spiegelungen

Angela Rosenberg

Mit Bettina Pousttchis *Echo* wird das zweite Kunstprojekt auf der Fassade der Temporären Kunsthalle Berlin realisiert. Mit dem Ziel, in ihrer auf zwei Jahre befristeten Existenz der aktuellen Kunstszene Berlins einen angemessenen Rahmen und Raum in der Mitte der Stadt zu bieten, steht die Kunsthalle auf dem Schlossplatz auf historischem Boden, umgeben von der klassischen Architektur bedeutender kultureller Institutionen wie dem Alten Museum, dem Berliner Dom und der noch nicht realisierten aber dennoch als Fassadensimulation präsenten Rekonstruktion des Stadtschlosses. In dieser Nachbarschaft wirkt der von Adolf Krischanitz entworfene und im Herbst 2008 als Holzkonstruktion mit Fachwerkträgern errichtete Kunsthallenbau betont nüchtern und sachlich.

Das äußere Erscheinungsbild der Kunsthalle war während des ersten Ausstellungsjahres geprägt von Gerwald Rockenschaubs blau-weißen Pixel-Wolken, entstanden in enger Zusammenarbeit mit dem Architekten als bildhafte Entsprechung der klaren und pragmatischen Formensprache des Gebäudes. Mit dem Verweis auf Ludwig Wittgensteins Zitat „Wolken kann man nicht bauen“[1] war der Entwurf der direkt auf die Faserzementplatten gemalten Fassadengestaltung Ausdruck der Zukunftsvision einer temporären Kunsthalle auf dem Schlossplatz. Anlässlich der Neukonzeption des Ausstellungsprogramms für deren zweites Jahr fiel im Juni 2009 auch die Entscheidung für Pousttchis Entwurf. *Echo* ist eine gigantische Fotoinstallation, die die Kunsthalle zu einer theatralischen Kulisse uminterpretiert und sich im Dialog mit der aktuellen lokalen Situation entfaltet.

Traditionelle Vorstellungen von Fotografie, die auf der Prämisse ihrer Fähigkeit zur unmittelbaren bildlichen Darstellung beruhen, lässt diese Installation ebenso hinter sich wie die Annahme, dass die Spuren, die auf einem Aufzeichnungsmedium hinterlassen werden, wenn von einem Objekt reflektiertes Licht durch eine Kameralinse fällt, die Realität abbilden. Vielmehr unterliegen die Wahrnehmung, der Zweck und die

Verwendung fotografischer Abbildungen weiteren Einflüssen und Wandlungen, und dies nicht erst, seitdem Bildbearbeitungsprogramme in jeden Heimcomputer Einzug gehalten haben. Fotografie gilt heute - nicht zuletzt aufgrund der Allgegenwart digitaler Kameras und der mit ihnen erzeugten Bilder - als ein äußerst schnelles Medium, das eine ständige Neubewertung geschichtlicher Prozesse, gerade der jüngeren Vergangenheit, möglich macht. Diese Betonung des Gegenwärtigen steht dabei in eigentümlichem Gegensatz zu den Bildern von Zombies, Geistern und Wiedergängern, die etwa Roland Barthes heraufbeschwört, wenn er die Fotografie als ein Medium beschreibt, dem die „Rückkehr der Toten" innewohnt.[2]

Pousttchi versteht Referentialität anders als Barthes. Und ihre Auseinandersetzung mit Fotografie hat auch nicht damit zu tun, immer selbst auf den Auslöser zu drücken. Für *Echo* verwendete sie historische Fotografien des Palastes der Republik. Um diese Aufnahmen zu finden - zu einem Zeitpunkt, da die Reste des Gebäudes gerade abgetragen waren -, durchforstete sie verschiedene Bildersammlungen und digitale Archive. Im Zuge der Vorbereitung dieser Publikation wurde es notwendig, diese erneut zu konsultieren. Dabei stellte Pousttchi etwas zunächst Überraschendes fest: Auf der Suche nach historischen Aufnahmen des Palastes stieß sie auf Abbildungen ihrer eigenen Installation. Diese Entdeckung belegt, wie schnell sich *Echo* als mediale Reflexion in die aktuelle Wahrnehmung des Phänomens Palast der Republik eingeschrieben hat, und bestätigt einmal mehr die Grundannahme der Künstlerin: die Prägung der öffentlichen Wahrnehmung durch mediale Bilder.

Die Absorption der Installation in den universalen Medienpool erfolgte jedoch nicht aufgrund mimetischer Angleichung, denn das digital komponierte Motiv, das ihr zugrunde liegt, entzieht sich durch verschiedene Eingriffe jedes fotografischen Illusionismus. Am auffälligsten ist die Reduktion der Farbigkeit: Statt des markanten Bronzetons der Glasflächen des Palastes der Republik zeigt sich *Echo* in nüchternem Schwarz-Weiß. Des Weiteren verlaufen horizontale Streifen wie Jalousielamellen über das Motiv und verweisen auf den technischen Ursprung des digitalen bildnerischen Verfahrens: den Bildaufbau in Zeilen, wie er besonders deutlich bei den simplen Kamera-Monitor-Systemen einfacher Video-Überwachungsanlagen nachzuvollziehen ist. Durch die Streifen wird die Subjektivität des fotografischen Blicks hervorgehoben, die wiederum die Distanz zwischen dem Betrachter, dem dargestellten Objekt und der historischen Wirklichkeit betont. Auf diese Weise provoziert *Echo* Fragen nach der Wahrnehmung und der Darstellbarkeit des Wirklichen. Die verschiedenen Einflüsse, denen Prozesse von Erinnerung und Imagination unterliegen, spielen hier eine wichtige Rolle: Nicht nur die systematische staatliche Überwachung, wie sie im Sicherheitsapparat der DDR einen Höhepunkt erfuhr, könnte man hier anführen, sondern auch die zunehmend allgegenwärtigen privaten und öffentlichen Überwachungssysteme im heutigen Alltag oder die fortschreitende Auflösung der Privatsphäre, wie sie im Internet in unterschiedlichen Foren betrieben wird. Es geht jedoch nicht nur um die Bilder, die ohne ausdrückliche Erlaubnis ständig produziert und auf undurchschaubaren Wegen verwaltet werden. Mindestens ebenso stark sind die Einflüsse omnipräsenter Werbe- und Nachrichtenbilder, die die Imagination des Einzelnen spekulativ beeinflussen und dazu beitragen, den Rahmen des Vorstellbaren abzustecken.

Bei ihren Recherchen fand Pousttchi im Archiv von Heinz Graffunder, dem Architekten des Palastes der Republik, eine Aufnahme aus der Zeit um 1900, die die Schlossfreiheit, den heutigen Standort der Temporären Kunsthalle, zeigt. Genau an dieser Stelle stand eine der ersten Litfaßsäulen. Der Drucker Ernst Litfaß hatte sie Mitte des 19. Jahrhunderts in Berlin erfunden, um das wilde Plakatieren an Hausecken einzudämmen. In der Folge sicherte er sich das Monopol für das Aufstellen der übermannshohen Anschlagssäulen, um darauf Reklame und amtliche Bekanntmachungen zu plakatieren. Indem Pousttchi die Temporäre Kunsthalle mit Postern beklebt, nutzt sie die konzeptuelle Besonderheit des Baus, der mit der gesamten Außenhaut nachdrücklich im öffentlichen Raum Präsenz demonstriert. Die Künstlerin tritt damit quasi die Nachfolge der wilden Plakatierer an und greift in den „battle of the fake facades“ ein,

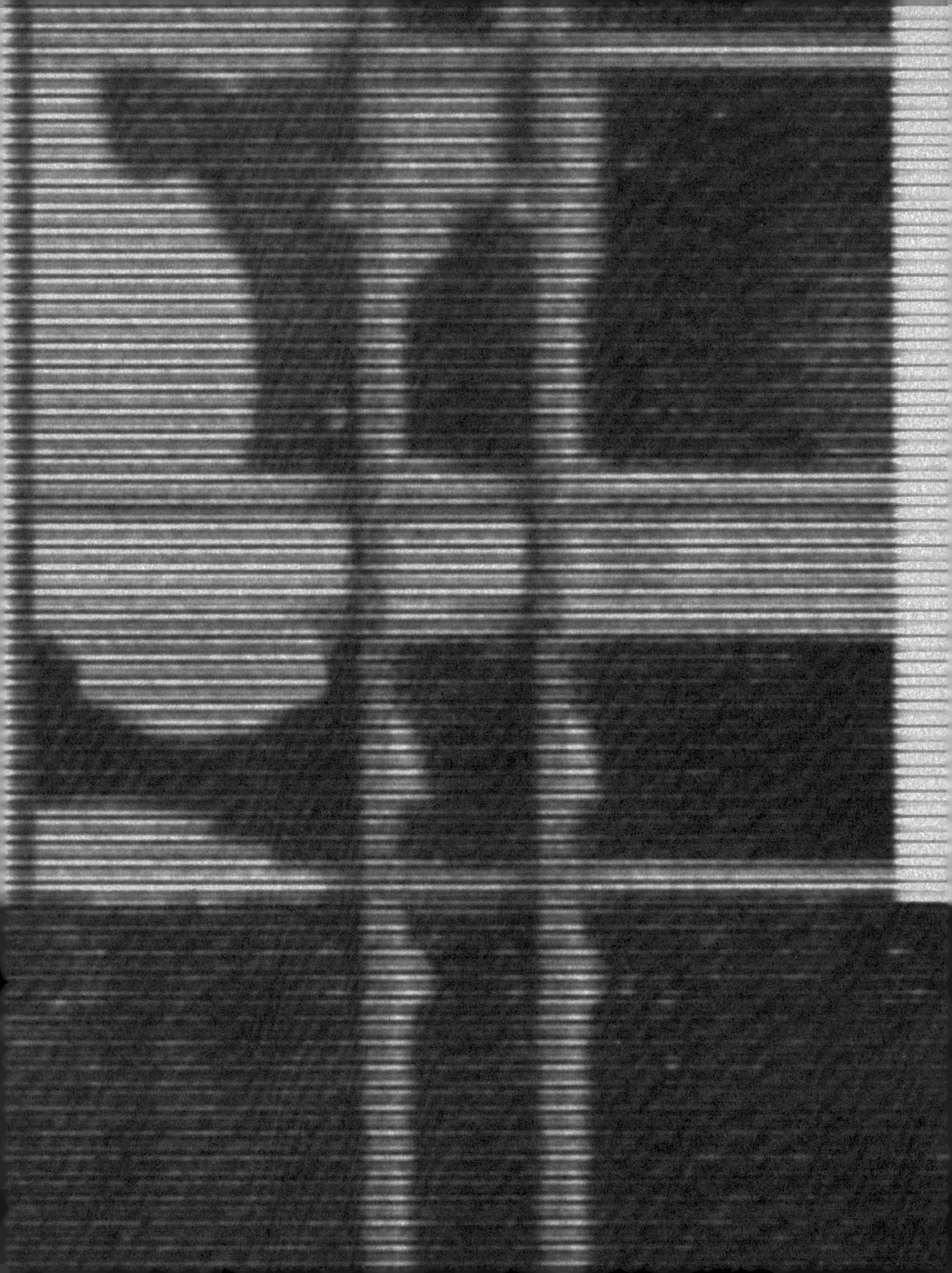

wie sie es einmal formulierte. Denn auf dem Schlossplatz und um ihn herum ringen gleich mehrere simulierte Fassaden, meist in Form bedruckter und auf Gerüste aufgezogener Kunststoffplanen, um die Aufmerksamkeit der Betrachter: Der Förderverein für die Schinkelsche Bauakademie wirbt bereits seit Jahren mit einem Eins-zu-eins-Fassadenmodell und finanziert dieses Vorhaben mittels applizierter Werbeplakate. Die ebenfalls mit gigantischen Werbeflächen ausgestattete Aussichtsterrasse der Firma Megaposter kündigt die Humboldt-Box an - eine im Bau befindliche Informationszentrale für das geplante Humboldt-Forum - die die Idee für ein Kulturzentrum im wiedererstandenen Stadtschloss mithilfe einer verkleinerten Darstellung der Fassade desselben befördern soll.

In den verschiedenen Facetten von Realem und Simuliertem konkretisieren sich an diesem Ort konkurrierende Angst- und Wunschvorstellungen von Vergangenheit und Zukunft. Dabei überlagern sich scheinbar gegensätzliche Zeitachsen, wenn die Simulation der künftigen Gestaltung des Schlossplatzes ein Erscheinungsbild ankündigt, dessen visionäre Kraft sich in der Prophezeiung einer Rekonstruktion des vermeintlich Altbewährten erschöpft. Darauf scheinen auch die beiden Uhren an den Längsseiten von *Echo* anzuspielen, die das Staatswappen der DDR im Ährenkranz an der Hauptfassade des Palastes der Republik ersetzen. Von den beiden Uhren ist die eine nach Osten, die andere nach Westen ausgerichtet. Sie zeigen unterschiedliche Uhrzeiten an, als wäre die genaue Zeit nicht mehr zu bestimmen. Kurz vor zwölf, der sprichwörtliche Zeitpunkt vor dem Eintreten der sicheren Katastrophe, der akuten Handlungsbedarf anzeigt, ist bereits um ein oder zwei Stunden überschritten, als habe sich das Unheil bereits ereignet. Um welches es sich dabei handelt, bleibt offen, ebenso die Frage, wieso die Uhrzeit im Osten eine andere ist als die im Westen. Es liegt nahe, diese Abweichung als kritischen Ausdruck für den heterogenen Umgang mit Geschichte und kollektiver Erinnerung zu werten, in einer durchaus provokativen Verknüpfung von Zeitlichkeit und Geschichtsbewusstsein.

Aber nicht nur die Uhren sind eine Erfindung der Künstlerin, auch die Reflexionen in den aus Fotos konstruierten Fenstern der Fassade sind frei komponiert. Hier „spiegeln“ sich scheinbar erkennbare Elemente der tatsächlichen Umgebung der Temporären Kunsthalle, wie der gegenüber befindliche Dom. Die Wolken jedoch, die in den Fenstern auftauchen, haben nichts mit den real am Himmel vorbeiziehenden Wolken zu tun. Stattdessen betonen sie, dass die Illusion einer Spiegelung reine Fiktion ist und dass hier - wenn überhaupt - nur das fotografisch eingefrorene Spiegelbild einer Parallel-Welt wiedergegeben wird, in der ein anderes Berlin existiert, mit einem Palast der Republik an genau der Stelle, wo sich in dieser Welt für zwei Jahre die Temporäre Kunsthalle befindet.

Die Papierposter, aus denen sich die Installation *Echo* zusammensetzt, werden wieder verschwinden, ebenso wie die Temporäre Kunsthalle selbst. Und es ist genau diese Idee des Temporären, die das Kunstwerk und die Institution von den anderen falschen Fassaden am Schlossplatz unterscheidet. Um ein paar hundert Meter verschoben, reduziert auf wesentliche formale Elemente und angepasst an die Architektur der Temporären Kunsthalle, stellt der Wiedergänger des Palastes die kollektive Erinnerung infrage. Ist dies ein spekulatives Spiel mit dem Betrachter, der unwillkürlich das Bild ergänzt, oder verwischt dieser Widerhall nicht gerade die Spuren des Wirklichen? Geht es um Erinnerung oder nicht vielmehr um deren Verlust? Gerade durch das Aufzeigen der Ambivalenz von öffentlichen Bildern und den ihr innewohnenden Machtstrukturen ermöglicht *Echo* einen einzigartigen Diskurs um den öffentlichen Umgang mit Erinnerung und Geschichte.

1 Vgl. Ludwig Wittgenstein, MS 125, 4 recto: "Wolken kann man nicht bauen. Und darum wird die erträumte Zukunft nie wahr."

2 "And the person or thing photographed is the target, the referent, a kind of little simulacrum, any *eidolon* emitted by the subject, which I should like to call the *Spectrum* of the Photograph, because this word retains, through ist root, a relation to 'spectacle' and adds to it that rather terrible thing which is there in every photograph: the return of the dead." Roland Barthes, „Operator, Spectrum and Spectator“, in: *Camera Lucida*, Vintage: London 1993, S.9-10.

Shadows and Reflections

Angela Rosenberg

Bettina Pousttchi's *Echo* is the second art project on the facade of the Temporäre Kunsthalle Berlin. With the goal of giving Berlin's current art scene an appropriate framework and space in the middle of the city during its limited two years of existence, the Kunsthalle stands on historical ground on Schlossplatz, surrounded by the classical architecture of such important cultural institutions as the Altes Museum, the Berlin cathedral, and the not yet built reconstruction of the Stadtschloss (City Palace), which is nevertheless present in the form of a simulation of its facade. In this neighborhood, the Kunsthalle building, designed by Adolf Krischanitz and built as a wooden truss structure in autumn 2008, seems emphatically sober and functional.

During its first year of exhibitions, the Kunsthalle's outward appearance was determined by Gerwald Rockenschaub's blue and white pixel clouds, which was developed in close cooperation with the architect as a visual correspondence to the clear and pragmatic formal language of the building. With reference to Ludwig Wittgenstein's statement "You can't *build* clouds,"[1] the design for the facade, painted directly on fiber cement slabs, expressed the vision of a temporary venue for art exhibitions on Schlossplatz. While conceiving the exhibition program for the venue's second year, Pousttchi's proposal was chosen in June 2009. *Echo* is a gigantic photo installation that reinterprets the Kunsthalle as a theatrical backdrop and unfolds in a dialogue with the current site.

Traditional ideas of photography, based on the premise that it is capable of immediate visual representation, are abandoned by this installation along with the assumption that the traces left behind on a recording medium when light reflected from an object passes through a camera lens depict reality. In fact, the perception, objective, and use of photographic images are subject to further influences and transformations, and not just since photo editing software has been available on every personal computer. These days - in no small measure due to the omnipresence of digital cameras and the images they produce - photography is considered an extremely rapid medium, which makes it possible to constantly reevaluate historical processes, especially from the recent past. This emphasis on the present stands in peculiar opposition to the images of zombies, ghosts, and revenants evoked by, say, Roland Barthes when he described photography as a medium for which the "return of the dead" is inherent.[2]

Pousttchi understands referentiality differently than Barthes did. Nor does her work with photography always entail pressing the shutter release herself. For *Echo*, she used historical photographs of the Palast der Republik (Palace of the Republic). To find these photographs - at the very time when the remnants of the building were being cleared away - she combed through various collections of photographs and digital archives. In her preparations for the present publication, it was necessary to consult them again. Pousttchi then discovered something surprising: when searching for historical photographs of the Palast, she found pictures of her own installation. That discovery showed how quickly *Echo*, as a media reflection, entered the current perception of the Palast der Republik, and it confirmed once again the artist's fundamental supposition: that public perception is shaped by images in the media.

The absorption of the installation into the universal media pool did not, however, result from a mimetic assimilation, since the digitally composed motif on which it is based was subjected to various interventions to free it of any photographic illusionism. The most striking of these is the reduction of the colors: in place of than the striking bronze shade of the glass panes of the Palast der Republik, *Echo* features an austere black and white. Moreover, horizontal stripes like the slats of venetian blinds run across the motif, pointing to its technical origins in a digital process: images constructed of lines - an effect particularly evident in images from simple camera and monitor systems for video surveillance installations. The stripes emphasize the subjectivity of the photographic gaze,

which in turn underscores the distance between the viewer, the object depicted, and historical reality. Thus *Echo* provokes questions about perception and how reality can be depicted. The work's various influences, which are subject to processes of memory and the imagination, play an important role here: not only systematic state surveillance, which culminated in the security machine of the German Democratic Republic, could be cited here but also the increasingly omnipresent private and public surveillance systems of daily life, as well as the increasing breakdown of the private sphere that takes place in various forums on the Internet, for example. *Echo* is not, however, just about the images that are constantly produced without express permission and are managed in inscrutable ways. At least as important are the influences of omnipresent advertising and news images on the individual's imagination in speculative ways and the ways those images contribute to demarcating the frame of the imaginable.

Pousttchi's research in the archive of Heinz Graffunder, the architect of the Palast der Republik, turned up a photograph from around 1900 showing the Schlossfreiheit, the area around the palace where the Temporäre Kunsthalle is now located. One of the first advertising columns stood on this very site. The printer Ernst Litfass conceived such columns in the mid-nineteenth century in Berlin in order to curb uncontrolled placarding on buildings. He was then granted a monopoly on the installation of advertising columns taller than a human being on which advertisements and official announcements could be posted. When Pousttchi covers the Temporäre Kunsthalle with paper posters, she takes advantage of the fact that the building was conceived so that its entire outer skin would emphatically demonstrate its presence in public space. The artist thus follows in the tradition of those who posted illegal placards, joining in the "battle of the fake facades," as she once described it. For on and around Schlossplatz, there are several simulated facades (usually in the form of printed plastic tarps on scaffolds) competing, as it were, for the attention of viewers. The Förderverein für die Schinkelsche Bauakademie

(Association for the Promotion of the Academy of Architecture) has for years been promoting its cause with a scale model of the facade and has financed this project through the advertising posters placed on it. The Megaposter viewing terrace, which is also fitted with a gigantic advertising space, announces the Humboldt-Box, an information center for the planned Humboldt-Forum that is under construction, in an effort to build support for a cultural center in the reconstructed Stadtschloss with a smaller-scale replica of its facade.

In the various facets of the real and the simulated, competing fears and desires of both past and future take concrete form on this site. In the process, seemingly antithetical temporal axes overlap when the simulation of the design for the future Schlossplatz announces an appearance whose visionary power is limited to prophesying the reconstruction of the supposedly tried and tested. The two clocks on the long sides of *Echo* seem to allude to this: they replace the East German state symbol of the wreath of wheat ears on the main facade of the Palast der Republik. One of the two clocks faces east and the other west. They show different times, as if the precise time could no longer be determined. The eleventh hour, the proverbial time before the arrival of sure catastrophe, of the acute need for action, has already been passed by two or three hours, as if the disaster had already occurred. What that disaster could be is left open, as is the question why the time in the east differs from that of the west. It seems likely that this deviation should be read as a criticism of the heterogeneous approach to history and collective memory, in a quite provocative linking of temporality and historical consciousness.

The clocks are not the artist's only inventions: the reflections in the windows of the facade made of photographs are also freely composed. What is "reflected" in them are seemingly recognizable elements of the actual surroundings of the Temporäre Kunsthalle, such as the cathedral opposite it. But the clouds in the windows have nothing to do with the real clouds passing in the sky. Rather, they emphasize that the illusion of a reflection is pure fiction and that what is depicted here is, at

best, a mirror image of a parallel world frozen by photography, in which another Berlin exists with a Palast der Republik in precisely the place where the Temporäre Kunsthalle is located in our world for two years.

The paper posters that make up the installation *Echo* will disappear again, as the Temporäre Kunsthalle itself will. And it is precisely this idea of the temporary that distinguishes this work of art and the institution from the other false facades on Schlossplatz. Shifted a few hundred meters, reduced to its essential formal elements, and adapted to the architecture of the Temporäre Kunsthalle, the revenant of the Palast calls collective memory into question. Is this a speculative game with the viewer, who involuntarily fills in the image? Doesn't this echo wipe away the traces of the real? Is it about memory or perhaps rather about its loss? Precisely by revealing the ambivalence of public images and their inherent power structures, *Echo* facilitates a unique discourse about how the public approaches memory and history.

1 See Ludwig Wittgenstein, MS 125, 4 recto: "Wolken kann man nicht bauen. Und darum wird die erträumte Zukunft nie wahr."

2 See Roland Barthes, "Operator, Spectrum and Spectator," in idem, *Camera Lucida* (London: Vintage, 1993), 9-10: "And the person or thing photographed is the target, the referent, a kind of little simulacrum, any *eidolon* emitted by the subject, which I should like to call the *Spectrum* of the Photograph, because this word retains, through its root, a relation to 'spectacle' and adds to it that rather terrible thing which is there in every photograph: the return of the dead."

Total Recall

Markus Miessen

Im Jahr 2009 verzeichnete Facebook mehr als 175 Millionen Nutzer weltweit. Derzeit wächst das Online-Forum um etwa 600.000 User täglich an. Sobald diese privaten oder professionellen Nutzer sich bei Online-Datenbanken anmelden - um dort überwiegend private Informationen zu veröffentlichen -, schwirren ihre virtuellen Profile in der Regel unkontrolliert im Netz umher. Die Deaktivierung dieser Datenbanken ist mittlerweile zu einem Problem geworden, denn nicht alle Webseiten und sozialen Netzwerke sind gleich, wenn es um deren Kündigung geht. Als Folgephänomen existieren inzwischen Spezialunternehmen wie „MyReputation", die mit nichts anderem beschäftigt sind, als Daten zu löschen und Bilder zu entfernen; es handelt sich um privat engagierte Söldner, die das Netz nach Daten durchkämmen, die Benutzer nicht mehr im virtuellen Kosmos kursieren lassen möchten, da ihnen langsam dämmert, dass sich Informationen, die man einst ins Netz gestellt hat, nicht mehr einfach diesem Kreislauf entziehen lassen, denn er erzeugt unaufhörlich Echos innerhalb der virtuellen Welt, teils nützliche, teils haarsträubende, beängstigende oder gar schädigende. Hierbei beginnt eine trotz aller Tilgungsversuche hartnäckig sich haltende Reputation eine gewisse Eigendynamik zu entwickeln, und zwar ungeachtet der ursprünglichen inhaltlichen Absicht.

Der auf dem Berliner Schlossplatz errichtete Palast der Republik diente als Sitz des DDR-Parlaments. Nach Fliegerangriffen alliierter Bomber war vom ehemaligen Stadtschloss der Hohenzollern im Februar 1945 nur noch eine ausgebrannte Ruine übrig. Auf Beschluss der ostdeutschen Regierung, die den Bau als ein Symbol preußischen Imperialismus betrachtete, wurde die Ruine schließlich gesprengt. In der Folge wurde an seiner Stelle von 1973 bis 1976 der bronzefarben verspiegelte Palast der Republik erbaut. Dieser wiederum wurde von 2006 bis 2008 komplett abgerissen, um Platz für eine geplante Rekonstruktion des ehemaligen Stadtschlosses zu schaffen. Um den Kreis zu schließen, soll der Bau eines neuen Schlosses nach dem Vorbild

des Originals demnächst beginnen. Obwohl der Palast der Republik als Bauwerk sowohl stilistisch als auch aufgrund seiner physischen Ausmaße im Grunde ein Zeichen nationaler Macht war, galt er ebenso als deutsches Wahrzeichen an der Grenze zum Nostalgischen, irgendwo zwischen dem westdeutschen Rockstar Udo Lindenberg, dem ostdeutschen Staatsoberhaupt Erich Honecker und der Berliner Band Einstürzende Neubauten.

Berlin war schon immer ein Ort, an dem der Wunsch nach einer Korrektur historischer Evidenz in besonderer Weise gegenwärtig war. Jede neue Machtwelle und jedes neue politische System hatte ein Interesse an der Zerstörung räumlich-historischer Fakten und versuchte gleichzeitig, einer falschen Nostalgie physische Gestalt zu verleihen. Nach dem Mauerfall wurde deutlich, dass der überwiegende Teil des Palastes der Republik hochgradig asbestverseucht war, so dass sofort eine Diskussion entbrannte, ob man den Bau sanieren oder doch lieber gleich komplett abreißen sollte. Dieses materialistische Scheinargument diente nicht zuletzt dazu, eine politische Korrektur der vorliegenden physischen Sachlage zu erzwingen.

Berlin ist eine Stadt unmittelbarer Geschichte. Vom Blickpunkt der historischen Leiden dieser Stadt und ihrer Leerflächen aus betrachtet, offenbart sich hier ein grundlegender Aspekt des Verhältnisses zwischen den historischen Schichten und deren unterschiedlichen Ideologien. Das heutige Berlin präsentiert sich als poröse, stille Landschaft, als Stadt mit inneren Peripherien, abrupten Veränderungen, Brüchen, Lücken und Widersprüchen. Sämtliche Fragmente verstärken das Bild einer von den historischen Kräften zerrissenen Stadt. Diese von Einheimischen und Touristen gleichermaßen geteilte Erfahrung offenbart eine Stadt mit einem Horizont aus Symbolen, in der sich jedoch in so kurzer Zeit so viel ereignet hat, „dass die Ruinen kaum mit dem Ausmaß ideologischer Verdrängung Schritt halten".[1] Sie ist wie jede andere europäische Großstadt eine urbane Landschaft, die von allen Kräften, von denen sie im Laufe der Geschichte geprägt wurde, Zeugnis ablegt. Dennoch unterscheidet sie sich von jeder anderen europäischen Großstadt, denn die Kräfte, die Berlin zu strukturieren und zu ordnen versuchten, verlaufen durch die geschichtlichen Achsen. Die Stadt durchlebte den Absolutismus, die Industrielle Revolution, den Nationalsozialismus, den Weltkrieg, die freie Marktwirtschaft während der Nachkriegszeit, den Sozialismus, den Kalten Krieg, die Auflösung des kommunistischen Regimes, die Wiedervereinigung, den beispiellosen Bauboom der 1990er Jahre und dessen aktuellen Niedergang. Die bauliche Gestalt musste im Laufe der Geschichte mit diesen politischen, ökonomischen und militärischen Wirkkräften zurechtkommen. Die natürliche Belastbarkeit der Bauumgebung - die traditionelle Trägheit der Architektur - wurde dabei sowohl durch die Intensität historischer Strömungen als auch durch das verheerende Wirken einzelner Machthaber bis aufs Äußerste herausgefordert.

Urbanismus und Architektur spielten als Bühnenbildner der zeitgenössischen Stadt von jeher eine wesentliche Rolle hinsichtlich ihrer Identität. Mehr noch als in jeder anderen Stadt waren in Berlin architektonische und städtebauliche Diskurse stets eng mit ideologischen Fragen verknüpft. Dieses Verhältnis zur Ideologie lässt sich als allgemeines Merkmal der Stadt begreifen: „Urbanismus existiert nicht wirklich, er ist lediglich eine Ideologie im Marx'schen Sinne des Wortes. Die Architektur aber existiert, wie Coca-Cola existiert: Obwohl von Ideologie umhüllt, handelt es sich hierbei um ein wirkliches Produkt, das auf falsche Weise ein unechtes Bedürfnis erfüllt. Urbanismus ist vergleichbar mit der Werbung für Coca-Cola - eine rein spektakuläre Ideologie [...].“[2] Als Gegenstand einer verstärkten Abfolge städtebaulicher Interventionen - oder, in Koolhaas' Sinne, ideologischer Energien - scheint Berlin allerdings ebenso Ausnahme wie hervorragendes Beispiel zu sein. Was in anderen Städten verborgen bleibt, nämlich der Einfluss einer selbstbewussten Konstruktion von Identität im alltäglichen urbanen Erscheinungsbild, ist hier Teil der städtischen Alltagserfahrung. Das Leben oder der Aufenthalt in Berlin bedeutet daher eine ständige Konfrontation mit Politik. Ideologie und Urbanismus sind hier eng ineinander verstrickt. Die Stadt ist heute als das Ergebnis gegenwärtiger und vergangener Ideologien erkennbar, welche die urbane Landschaft überlagern. Berlin

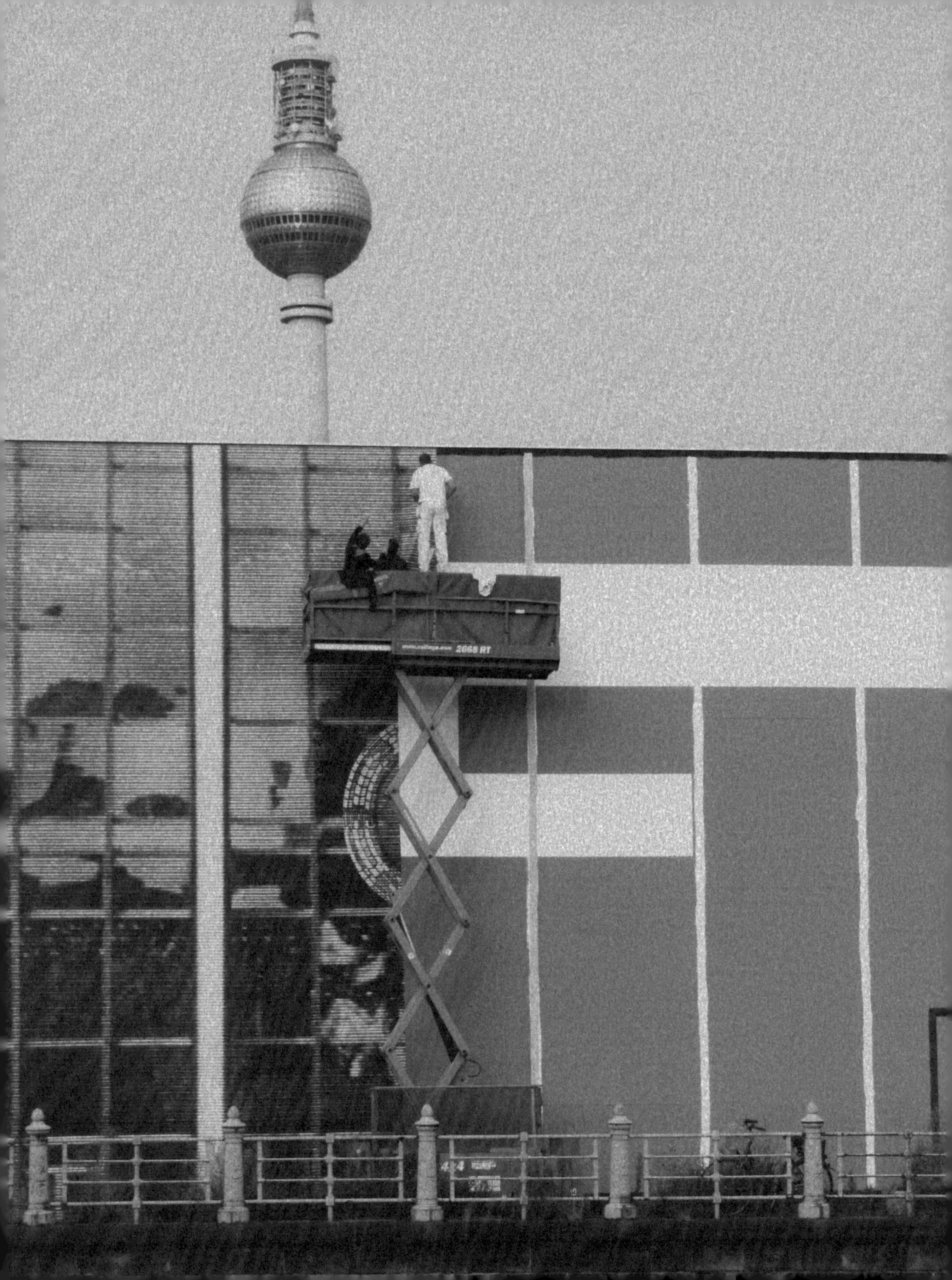
2068 RT

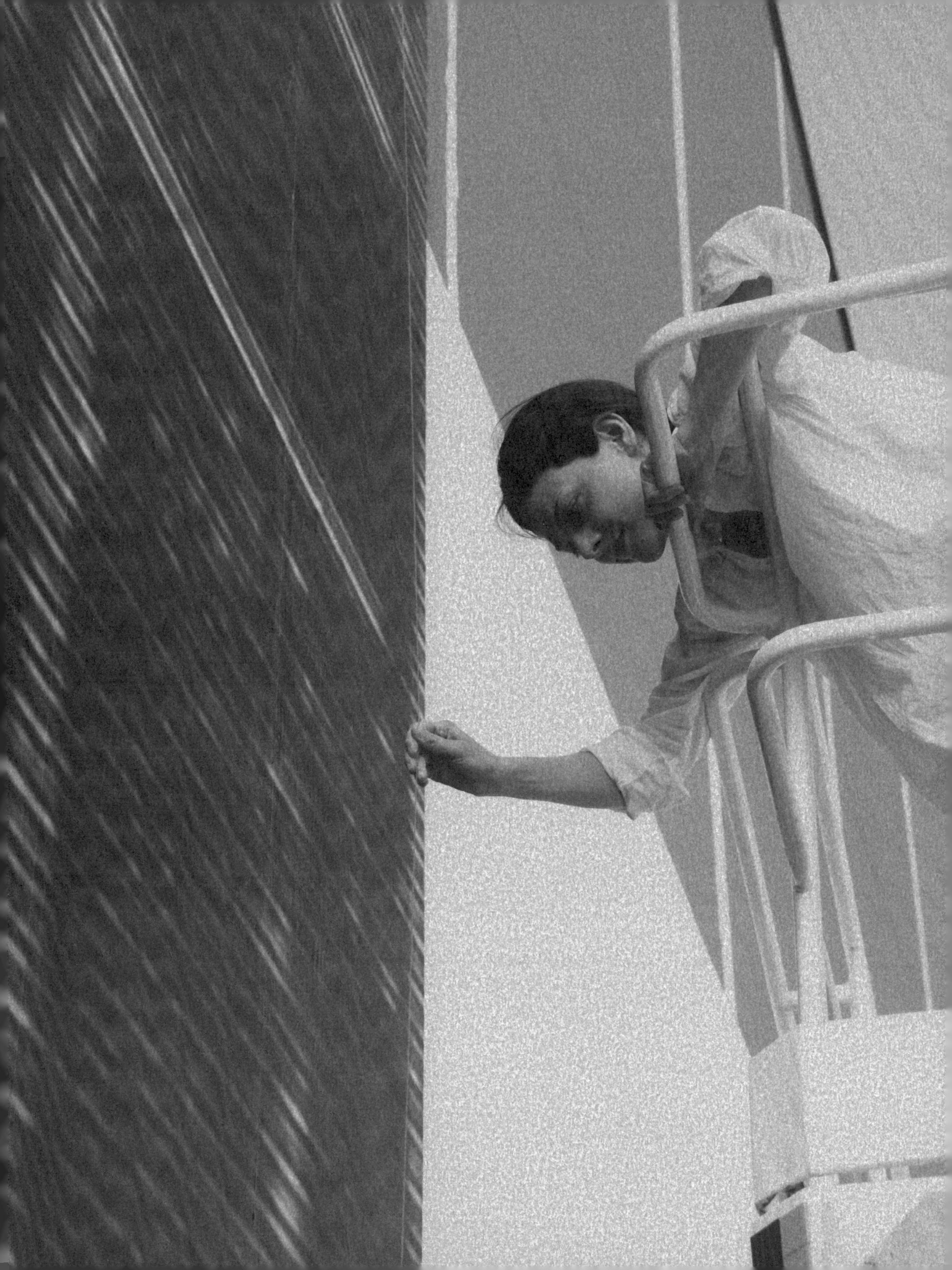

setzt sich aus einer großen Anzahl unterschiedlicher physischer Strukturen zusammen, die übereinander und nebeneinander existieren und sich alten und neuen Ideologien verdanken. Die Gebäude und Plätze helfen bei der Entschlüsselung der Vergangenheit und verleihen der Geschichte und Identität der Stadt Gestalt. Am Erstaunlichsten ist hierbei jedoch nicht die spezifische Chronologie historischer Epochen, sondern das aktuelle Verhältnis zwischen den einzelnen historischen Schichten.

Berlin wirkt auf unbeholfene Weise unfertig. Die Erscheinungsformen der Stadt stimmen dabei nicht mit deren verschiedenen Bedeutungen überein. Gleichwohl ist die Architektur im Sinne einer räumlichen Disziplin stets Teil des Prozesses einer Schaffung einzelner kontrollierter Identitäten. Die städtebauliche Intervention nimmt abgesehen von ihrer Zurückführbarkeit auf ein Kontrollbedürfnis eine Stellung zwischen der geistigen Bestätigung einer undurchsichtigen Vergangenheit und einer ungewissen Zukunft ein. Zur Transformation der *Tatsache* einer Stadt in das *Konzept* einer Stadt muss die vorliegende Umgebung mental in eine zu bearbeitende Oberfläche verwandelt werden, in eine Stadt also, die einen Eingriff erwartet. Insofern hängt die Erfindung einer Stadt immer mit der Geschichte zusammen oder, besser ausgedrückt, mit einem Bild von Geschichte. Die Architektur Berlins verfügt über diese permanente Verbindung zur Geschichte. Die Stadt scheint im Zustand einer offensichtlichen Unsicherheit gefangen, die den Wunsch zur Korrektur der eigenen Geschichte erzeugt. In unablässiger Betrachtung ihrer Historie „[träumen] die Deutschen [...] nicht von einer anderen Zukunft, sondern von einer anderen Vergangenheit.“[3]

In jeder Großstadt existiert ein Bedürfnis nach der Erzeugung von Symbolen zur Darstellung bestimmter historischer Epochen. Als Repräsentationsmittel von Macht in urbanen Gebieten mittels architektonischer Interventionen werden diese Symbole zu Bestandteilen des Gedächtnisses der Stadt. In Berlin mangelt es an solchen traditionellen Symbolen, und zwar aus dem einfachen Grund, dass es hier zwar Geschichte im Übermaß, aber keine

Tradition gibt. Berlin wurde mehrmals zerstört, und jedes Mal war die Folge eine Neudefinition der eigenen Identität. Keine Stadt steht so symbolhaft für den Wiederaufbau der Stadt über der Stadt. Berlin speist sich aus einer intensiven Dialektik von Aufbau und Zerstörung und aus einem Mechanismus des Wunsches nach Identität und Tabula Rasa. Die Folge dieses ständigen Aufbau- und Zerstörungsprozesses sind Heterogenität und Instabilität. Tabula-Rasa-Momente sowie die explizite Konstruktion einer einheitlichen Identität wiederum schaffen eine unruhige Stadtlandschaft voller ideologischer Narben. Diese spezifische Umgebung ist das Ergebnis eines Prozesses ständig wechselnder politischer wie architektonischer und somit urbaner Ideologien.

Die exponierten historischen Schichten in Berlins Stadtraum tragen mit dazu bei, dass eine von ständiger Fragmentierung geprägte Stadt der Neuerfindung eine permanente Bühne bietet. Dieses Phänomen lässt sich auch als das eigentliche historische Dilemma Berlins begreifen: Die ständige Sehnsucht nach ideologisch motiviertem Handeln verlieh Berlin eine ungefestigte Struktur, welche die Koexistenz unterschiedlicher urbaner Modelle und Signaturen ermöglichte. Die Identität dieser Stadt ist eng mit dem Begriff des *urban void* verknüpft. Die Geschichte hat sich so massiv in ihre physische Präsenz eingeprägt, dass unter der bekannten ideologischen Monumentalität auch eine Schicht aus spukhaft anwesenden Abwesenheiten anzutreffen ist, welche die Vergangenheit der Stadt ins Gedächtnis ruft. Für viele macht gerade diese Schicht aus anwesenden Abwesenheiten die Faszination Berlins aus. So widersprüchlich dies klingen mag, prägt das Phänomen der Abwesenheit nicht nur die Stadt, sondern es strukturiert diese auch. Die inzwischen verschwundene Mauer ist noch heute in vielerlei Hinsicht ein Strukturprinzip des vereinten Berlins, ebenso wie sich die geteilten Hälften der Stadt einst über die Abwesenheit ihrer Gegenstücke definierten.[4]

Architekten träumen davon zu bauen. Die selbstbewussten Striche auf dem Zeichenbrett sind ein Merkmal ihrer auf eine leuchtende Zukunft ausgerichteten Pläne. Traditionellerweise standen Architekten stets an vorderster Front im Kampf der

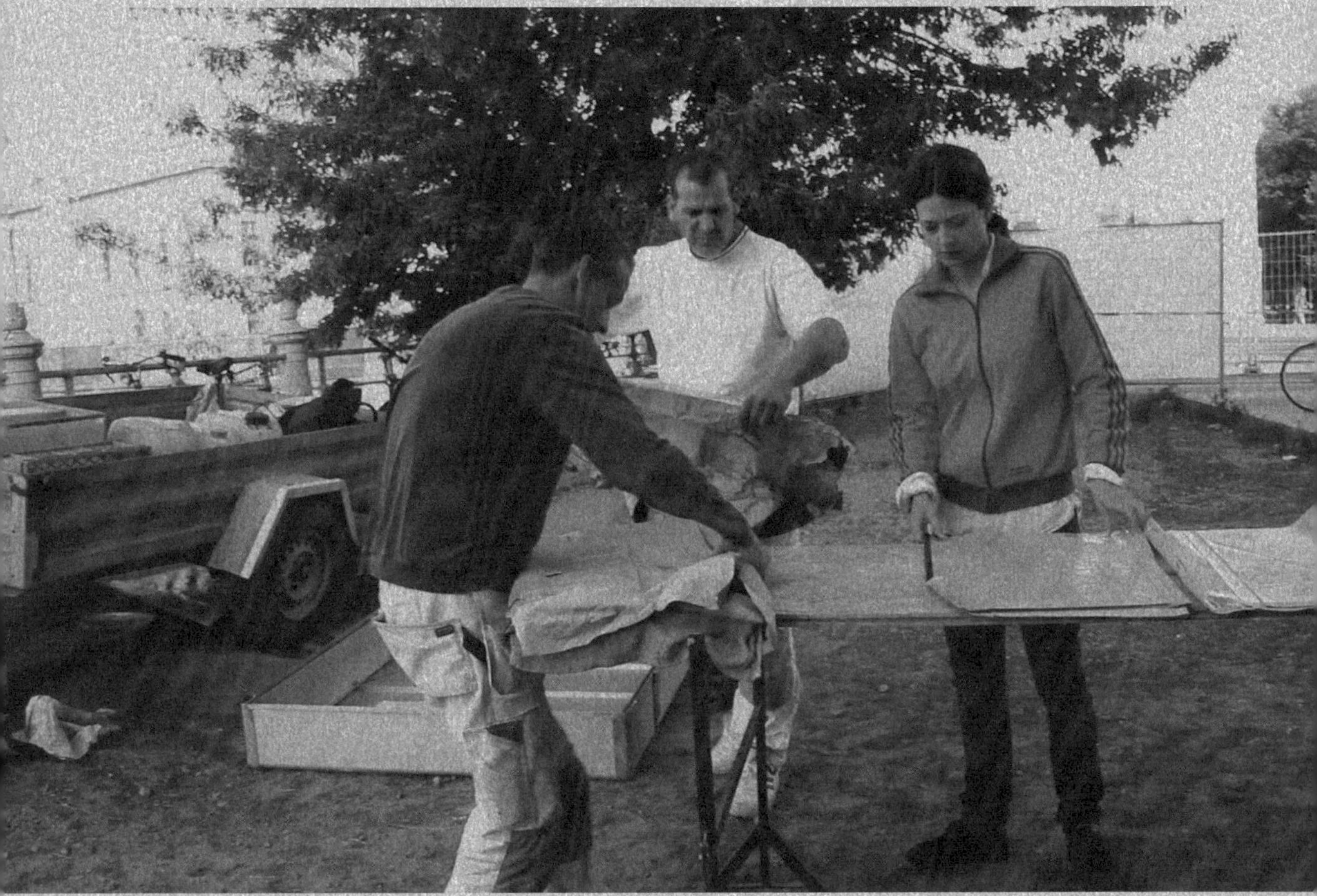

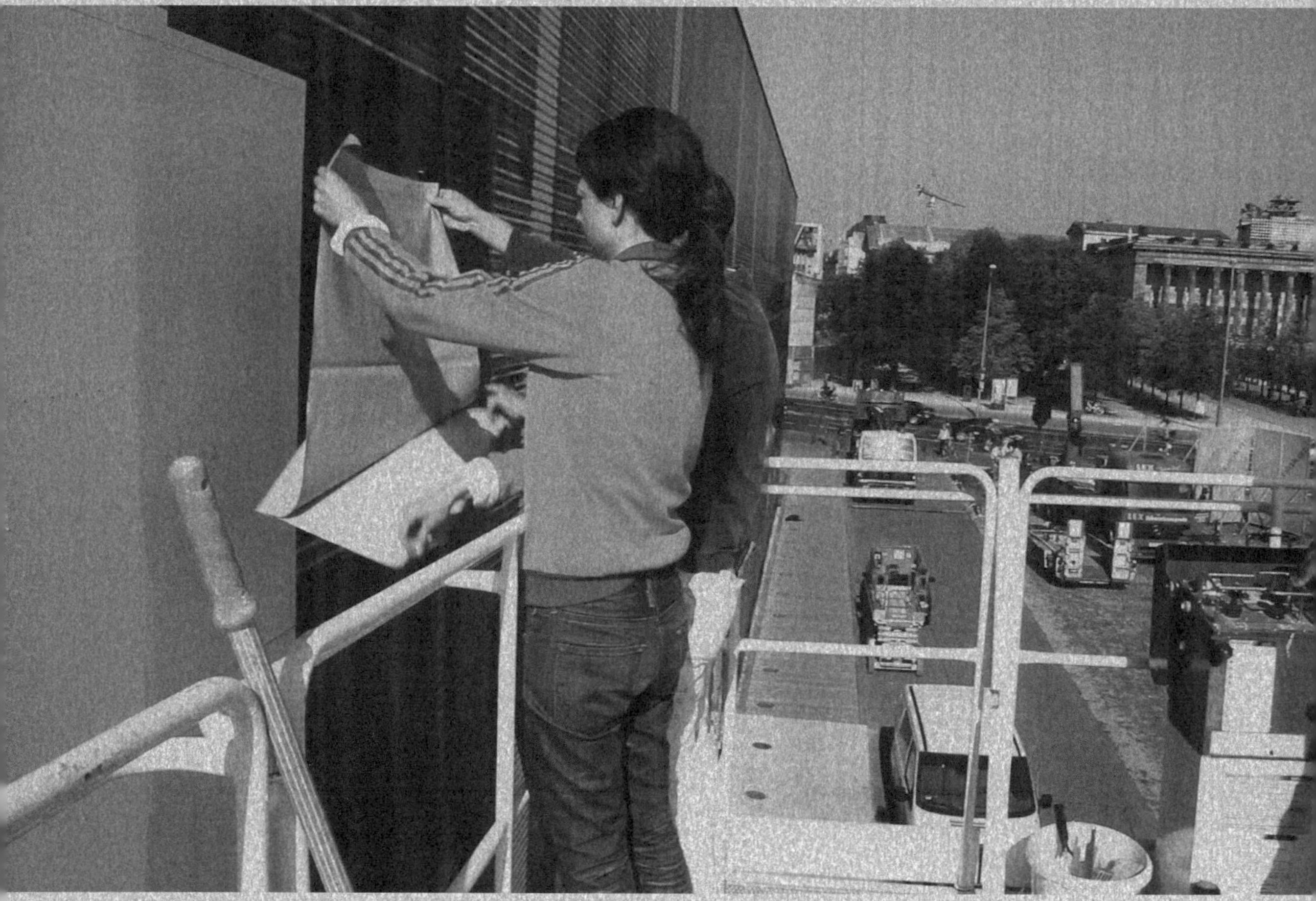

modernen Gesellschaft gegen die alte Ordnung. Sie waren dazu auserkoren, die Stadt von morgen zu entwerfen und deren Entwicklung zu lenken. Die treibende Kraft dieses Kampfes ist ein aufrichtiger Glaube an den Fortschritt. Allerdings stehen die Projektionen ihres Begehrens nicht nur für eine Sensibilität hinsichtlich der Gesellschaft, sondern verraten auch eine verzerrte und verborgene Lust. Der Wunsch zu bauen wird nämlich von einer Lust an der Macht gestützt. Beim Versuch, ihre subjektiven Träume als konkrete Fortschrittsvehikel zu verkaufen, schwelgen Architekten in der Macht, die ihnen die Gesellschaft verleiht. Die Legitimierung ihrer gesellschaftlichen Funktion verschleiert allerdings jene Lust: und dazu werden in erster Linie ethische Argumente herangezogen. Architekten begreifen ihre Macht als Instrument zur Verbesserung der Welt. Die verschiedenen Methoden zur Vermittlung einer ethischen Botschaft, ob gönnerhaft, ironisch, dogmatisch oder zynisch, dienen allein zur Legitimierung des Architekten. In den Köpfen der Architekten hingegen liegt ein grundsätzliches Missverständnis ihres Wunsches zu bauen vor. Im Gegensatz zu ihrer Erwartung - der Illusion, ihr steinernes Kind würde in irgendeiner Weise zu einer qualitativen Aufwertung der Umwelt beitragen - bietet die Realität nämlich keine Garantie für eine bessere Zukunft. Dies hängt zum Teil mit der Besonderheit der Architekturproduktion im Allgemeinen zusammen, denn da die Architektur gezwungen ist, ihre Energie auf einen begrenzten (Stand-)Ort zu konzentrieren, lässt sie dabei zwangsläufig einige wesentliche Aspekte beiseite. Der marginale Raum der Ränder stellt im Gegensatz dazu den ultimativen transitorischen Standpunkt dar. Er ist kein Mittel, um in die Welt einzugreifen. Anders als architektonische Strukturen und Programme ist er nicht auf eine nahe oder ferne Zukunft ausgerichtet. Der Rand ist einfach da - er bietet eine Bezugsgröße für Kommendes.

Nachdem Walther Ulbricht die Anweisung zur Sprengung des Stadtschlosses gegeben hatte, sollte der Palast der Republik als Ersatz das so entstandene Vakuum füllen. Und obwohl der Palast in erster Linie als räumliche Manifestation der Volkskammer, des Parlaments der DDR, fungierte, wurde er darüber hinaus als öffentlicher Raum genutzt, der unter anderem Cafés, Restaurants, Sportanlagen und einen Veranstaltungssaal beherbergte. Dieses in hohem Maße programmatische Konzept wurde 2004 von der Initiative „Volkspalast“ aufgegriffen, die - unter Bezugnahme auf das Werk des englischen Architekten Cedric Price - den Bau als Kulturzentrum, als physischen Rahmen nutzte, innerhalb dessen mehrere Monate lang verschiedene Aktionen und Diskussionsveranstaltungen stattfinden konnten. Zu dieser Zeit existierte der Palast noch als Fassade, während sein Inneres nur noch ein Hohlraum war, ähnlich einem ausgenommenen Wal. Die temporäre Transformation des Baus bildete den Übergang zwischen einer schweren Vergangenheit und einer ungewissen Zukunft, die multifunktionale Wiederbelebung einer gläsernen Leiche. Dies entsprach in vielerlei Hinsicht auch dem Konzept des „Fun Palace“ von Price, das dieser zusammen mit der Theaterregisseurin Joan Littlewood 1961 in England entwickelte. Price zählt zu den visionären Architekten des späten 20. Jahrhunderts, der mit seinem streitbaren Begriff des *Non-Plan* das Verhältnis zwischen räumlicher Praxis und temporärer Programmgestaltung neu interpretierte und thematisierte und dabei häufig Environments entwickelte, die auf die Bedürfnisse der Besucher sowie die zahlreichen hier stattfindenden Veranstaltungen reagierten.

Die programmatischen Überlegungen hinsichtlich der Nutzung des Volkspalastes (vom Konzertsaal, Theater, Ausstellungsraum, Labyrinth bis hin zum Club und zahlreichen anderen, oft spontan organisierten Events und Veranstaltungsprogrammen) spiegelten in gewisser Hinsicht Price' Praxis wider. Dieses urbane Labor für alternative und neuartige Formen des Öffentlichen, der Interaktion und Kommunikation zwischen den jeweiligen temporären Besuchern der verschiedenen Räume konnte von diesen transformiert und in Besitz genommen werden. Abgesehen von der Tatsache, dass es sich beim Volkspalast natürlich um das unmittelbare Ergebnis der historischen Transformationen des Palastes der Republik selbst handelte, stellte er auch eine Reaktion auf die allgemeine Situation im Hinblick auf den Architektenberuf und den Ortsdiskurs an sich dar. In der Architektur ist seit etwa zehn Jahren eine zunehmende Obsession für den Formalismus zu

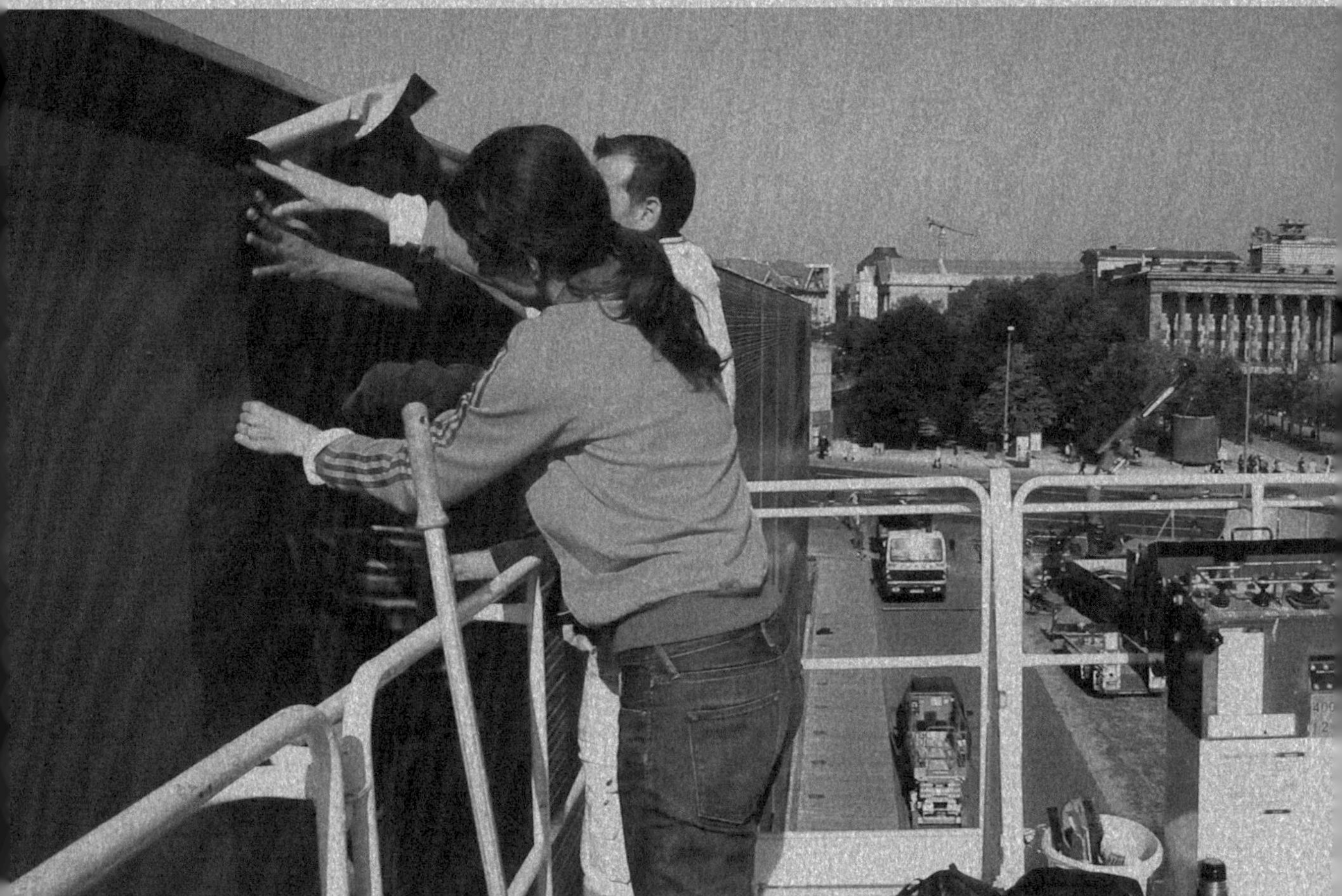

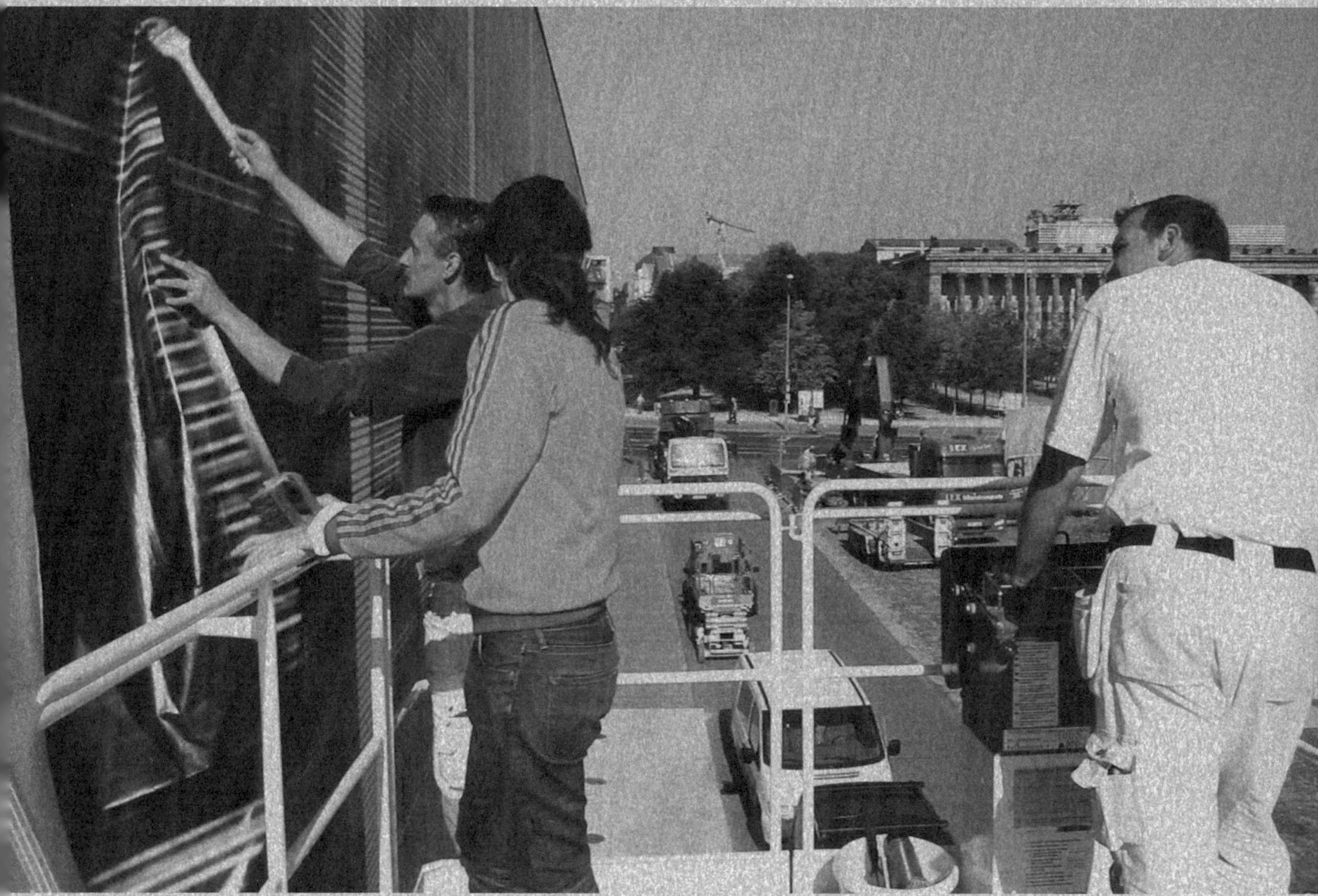

beobachten, insbesondere für jenen, der sich mit häufig unsinnigen Argumenten und dem Einsatz von Computertechnik einem ambitionierteren und verantwortungsbewussteren politischen Diskurs verschließt. Die meisten Bauten werden als selbstreferenzielle Objekte geplant und ausgeführt, wobei zahlreiche Architekten den Begriff der Architektur im Sinne eines bildhauerischen künstlerischen Unternehmens missverstehen. Eines der brauchbarsten Konzepte von Cedric Price, das man auch als sein wesentliches Paradigma bezeichnen könnte, ist aber gerade die Idee, dass ein Gebäude nicht notwendigerweise physisch existieren muss. Price stellte in kluger Weise den Begriff des Fortschritts infrage: „Wenn Technik die Antwort ist, wie lautet dann die Frage?" Die Architektur hingegen vollzieht sich zeitabhängig. Dies entspricht dem Wesen vieler seiner Projekte, und aktuell, inmitten der Finanzkrise, erscheint dieses Konzept aktueller und relevanter denn je. Tatsächlich ließe sich heute Price' Frage folgendermaßen neu formulieren: Wenn parametrischer Urbanismus und großräumige Planung die Antworten sind, wie lautet dann die Frage?

Die von Price realisierten Bauten hatten und haben zumeist etwas Bühnen- oder Kulissenhaftes, sie bildeten Orte des Unbestimmten und Potenziellen, an denen Dinge entstehen und stattfinden konnten, und was sich in diesen physischen Räumen abspielte, war meist bühnenreif. Untersucht man, wie er mit der Frage der Autorschaft umging, so lag das wichtigste Instrument und Element bei der Planung der jeweiligen Projekte in der Art des „Designs" des Nutzungsplans sowie des strategischen Grundgerüsts. Price verstand sich selbst auf subtile und bescheidene Weise als Dienstleister im Hinblick auf die Dinge, die sich im Raum ereignen können.

Der Rand - als unmittelbare Bühne der architektonischen Begleiterscheinungen - liefert einen weiteren Blickwinkel auf diese besondere Art der Architekturproduktion. Im Gegensatz zur Architektur ermöglicht der Raum des Randes eine unmittelbarere Vorstellung von Prozessen und eine kontinuierliche Fortschrittstransparenz. Der physische Rest bildet einen Grund für flüchtige Spuren und liefert eine Simultaneität von Differenz, Schichten aus Informationen, welche den Orten architektonischer Entwicklung mit ihrer Exklusivität fehlen. In dieser Hinsicht fungiert der Rand als verzögerter Katalysator urbaner Kultur. Diese zusätzliche Dimension der Vermittlung von Architektur erlaubt uns ein Verständnis des Randes im Sinne einer lokalen Erinnerung an das Andere und eines denkmalhaften Zeugnisses des taktischen Raums. Diese von flüsternden Erzählungen statt von visueller Repräsentation besetzte Kontinuität innerhalb von Raum und Zeit bildet die gewaltige Ressource, welche Randgebiete als letzte Pufferzonen der Stadt heute darstellen. Der Rand evoziert ein Verständnis von Architektur, das jenseits der eigenen Disziplin liegt und auf stille Weise den allgegenwärtigen Wunsch nach Realisierung infrage stellt. Die Architektur ist eine Praxis des Kolonialismus, die dazu neigt, das Bedürfnis nach Füllung von Zwischenräumen, nach Schwächung ihrer Möglichkeiten und nach Ersetzung von Ungewissheit durch Bestimmtheit zu fördern und zu befriedigen.

Bettina Pousttchis Phantom-Palast trägt den Titel *Echo*. Er erscheint als Hologramm auf der Fassade der Temporären Kunsthalle, die als Box zur Erzeugung und Präsentation regionaler kritischer Inhalte konzipiert wurde. Pousttchis temporäres Fassadenprojekt ist jedoch nicht in einer solchen Weise melancholisch oder romantisch, dass man hier von „Grenznostalgie" sprechen könnte. Im Gegenteil: Es erzeugt eine letzte Mahnung angesichts der Tatsache, wie die Lokalpolitik, insbesondere im Umfeld der Diskussion um eine Wiedererrichtung des Berliner Schlosses, zur Farce verkommt, und führt darüber hinaus schlichtweg die populistische und opportunistische Fiktion Berlins als historisch angepasste und bereinigte Stadt für den zukünftigen internationalen Touristen vor Augen.

Es sollte an dieser Stelle nicht weiter zu jenen engstirnigen und langatmigen Debatten um die Frage begeitragen werden, ob man den Palast der Republik wirklich hätte abreißen sollen und ob man das Schloss wiederaufbauen sollte. Den Palast gibt es nicht mehr, und mit dieser Realität hätte sich Berlin wie auch der heterogene politische Raum namens Deutschland damals abfinden müssen, so wie man sich heute damit abfinden muss. Pousttchi

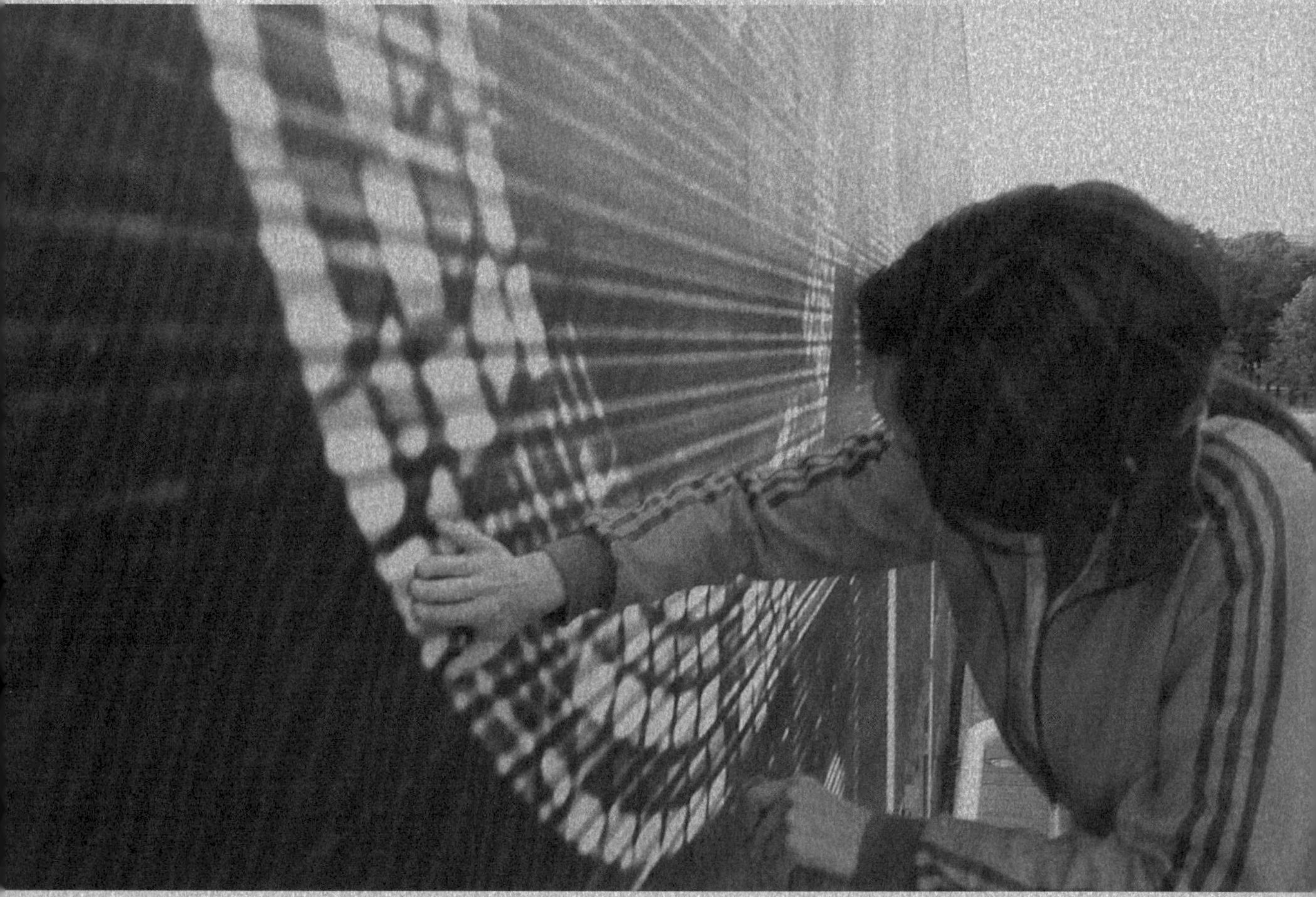

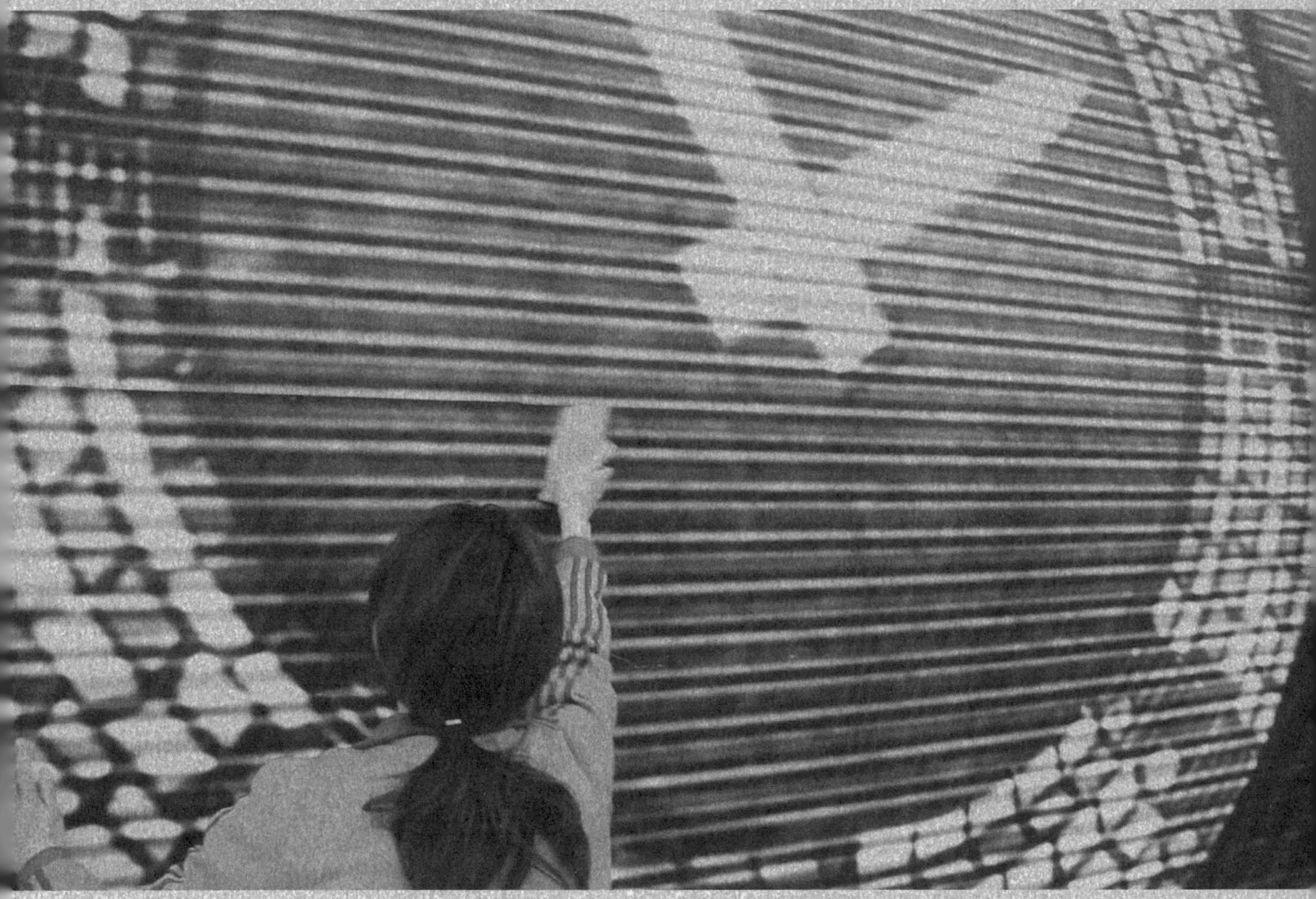

feiert daher mit ihrer Installation weder den Palast der Republik, noch strebt sie seine Rekonstruktion an. Aus der Perspektive eines Architekten, der innerhalb des Diskurses zeitgenössischer räumlicher Praxis arbeitet, liefert sie weit mehr als einen aktuellen Kommentar zu einem lokalen Thema: Sie erzeugt eine temporäre Erinnerung an das Andere, die sich dem heutigen Klima einer formalen, unkritischen und inhaltsleeren Praxis entgegenstellt. Die für den Palast geltende einzigartige funktionale Ambivalenz zwischen einem politischen Repräsentationsraum und einem öffentlichen Ort wird außerdem in Form einer visuellen Erinnerung, einer temporären Abbildung präsentiert, die sich auf der Netzhaut des Betrachters verliert. Während die Installation die Erfahrung verkörpert, welche die meisten Menschen in Berlin Mitte machen, nämlich die des Marginalen ohne existierende oder erkennbare historische Schichten, erzeugt sie gleichzeitig das Gefühl einer anwesenden Abwesenheit. Anstelle einer physischen Manifestation von etwas einst hier Dagewesenem bietet sie uns vielmehr einen flüchtigen Blick auf eine Möglichkeit, auf eine Vergangenheit, die einmal gegenwärtig war und sich in die Zukunft hätte fortsetzen können, sich aber einem Hologramm beugen musste. Dieses Hologramm erinnert an den Befehl, den Captain Kirk seinem Chefingenieur Montgomery Scott gibt, um zurück zum Mutterschiff zu gelangen. Es handelt sich um ein allgemeines, nicht um ein an ein nationales Erbe gebundenes Phänomen. Es geht hierbei um etwas, das jeder an den Orten der Abwesenheit in Berlin erleben kann.

In urbaner Hinsicht ist die Installation weit weniger im Sinne einer politischen Aktion zu begreifen denn als Experiment, bei dem ein Verständnis der Rolle angestrebt wird, welche die Fotografie für die Vorstellung der Stadt und ihre persönlichen, also individuellen Geschichtsarchivierungsprozesse spielen kann. Die Reflexionen und Spiegelbilder auf Pousttchis Fassade bilden weder eine greifbare oder tatsächliche Struktur ihrer Umgebung ab, noch verzerren sie diese - vielmehr imaginieren sie einen möglichen Raum jenseits ihres eigentlichen Ortes. Darüber hinaus stellt diese Fassade die aktuellen Diskurse hinsichtlich der typologischen Möglichkeiten der Temporären Kunsthalle infrage, die eine Art Schaufenster für eine regionale kritische Kunstproduktion darstellen sollte. Pousttchis Arbeit treibt diese Vorstellung und diese Fragestellung sowohl im Hinblick auf ihr städtebauliches Potenzial wie auch auf ihre Sichtbarkeit auf eine n-te Stufe und spielt gleichzeitig ein Spiel mit dem touristisch-voyeristischen Blick. Welche Art lokaler Kritikalität entsteht hierbei? Inwieweit setzt sich die Kunsthalle von anderen künstlerischen Repräsentationsformen wie dem Museum, dem Kunstverein oder der Galerie ab? Pousttchis Fassade kehrt dieses Dilemma um und verdeutlicht so das konfliktreiche Verhältnis zwischen dem banalen Container, der die Kunsthalle beherbergt, sowie dem politischen Raum, den sie erzeugen, und der Verantwortung, die sie übernehmen soll. Anstelle einer Politisierung im Inneren wird die Politik hier zur reinen Fassade.

So unmöglich es häufig ist, sein Profil im Internet zu entfernen, so schwierig erscheint es, so zu tun, als ließe sich ein Diskurs oder eine Debatte über einen politischen Raum negieren und verwerfen, indem man diesen Raum einfach zerstört, neu errichtet oder neu plant. Pousttchi zeigt mit ihrem Projekt die Unmöglichkeit der Auslöschung von physischen Objekten und Diskursen aus der Geschichte und experimentiert dabei mit dem physischen und konzeptuellen Aspekt der Medien als Instrument zur kritischen Neupositionierung und Infragestellung einer Debatte, die nun schon so lange geführt wird, dass sie nicht mehr zu polarisieren vermag. Während die Leipziger Montagsdemonstrationen von 1989 und das transformative Potenzial des Volkspalastes 2004 ein Symbol für einen langsamen Marsch, nicht durch die Institutionen, sondern in Richtung einer langsamen, ruhigen und friedlichen Revolution waren, kam es nicht zu einer Umdeutung des Palastes selbst im Sinne seiner möglichen Nutzungsweisen, sondern zu einem bloßen Autorschaftswechsel von der Staatsgewalt zu städtischen Initiativen. Und während jener Bau die Ohnmacht des Architektenstandes an sich symbolisiert, wird deutlich, dass seine Zukunft stets von politischen Überlegungen jenseits von Kritik bestimmt wurde. Als Symbol für die Unmöglichkeit einer Auslöschung des Identitätspotenzials des Plusquamperfekts veranschaulicht Bettina Pousttchis

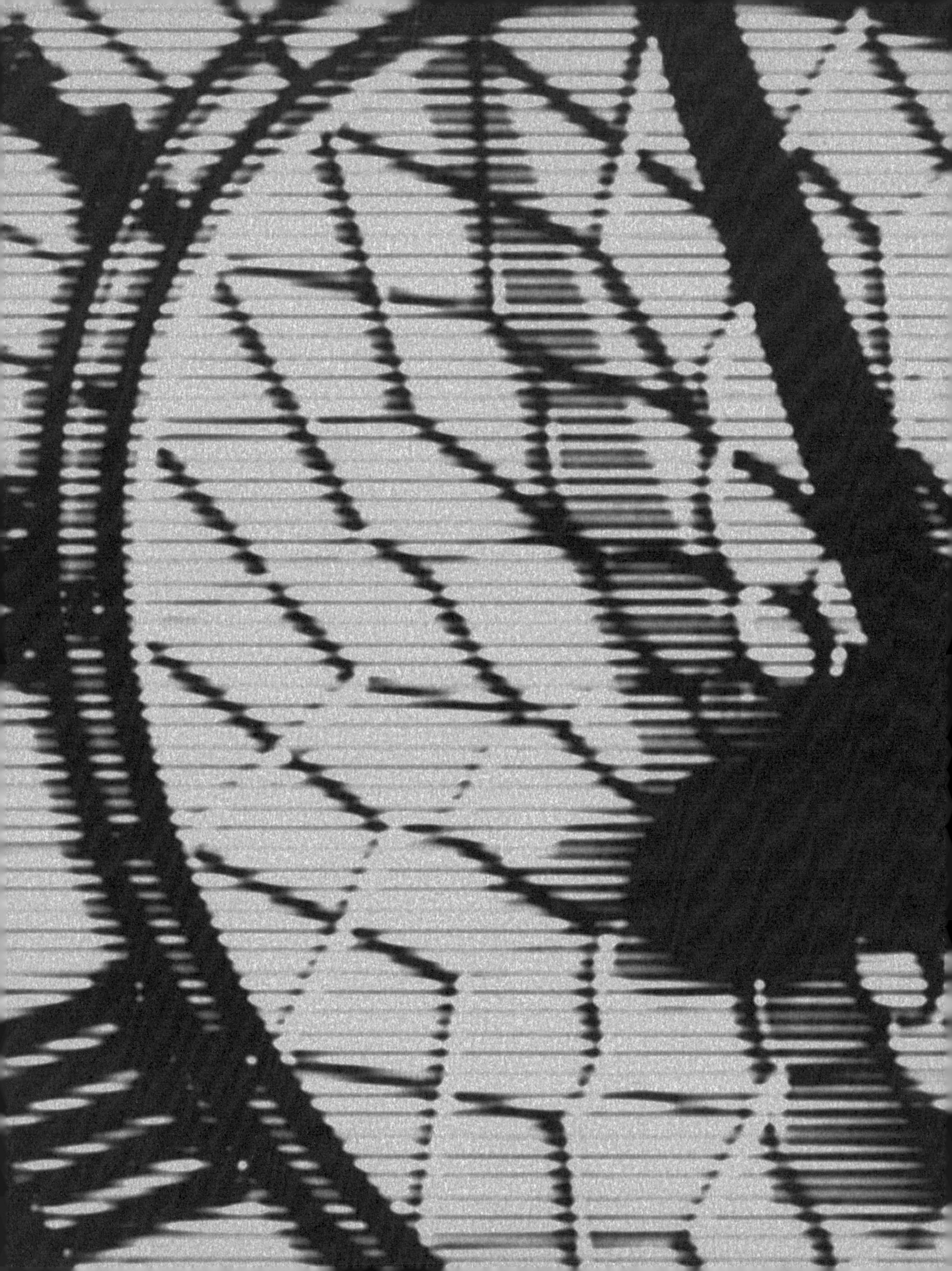

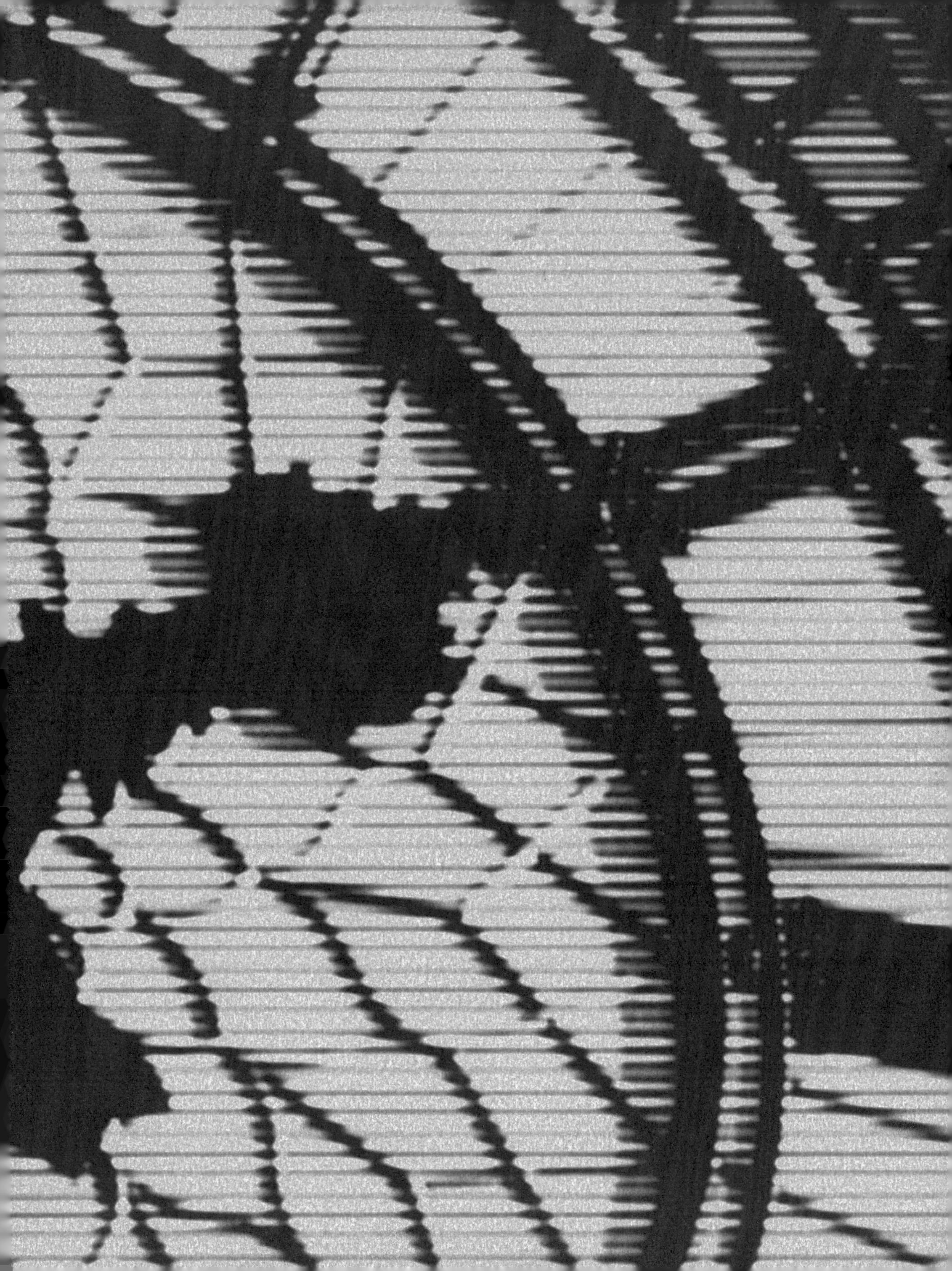

Installation vor allem, dass Gil Scott-Heron damals unrecht hatte, als er verkündete, die Revolution würde nicht im Fernsehen übertragen. Denn sie wurde es.

1 Brian Hatton, „Letters from Berlin", in: *AA Files*, 21, 1991, S.102 f.

2 Rem Koolhaas, übers. n. Heike Sinning, *More is More - OMA/Rem Koolhaas - Theorie und Architektur*, Ernst Wasmuht Verlag: Tübingen 2000, S.99.

3 Philipp Oswalt, *Berlin - Stadt ohne Form*, Prestel: München 2000, S.56.

4 Vgl. Richard Shusterman, „Ästhetik der Abwesenheit", in: *Lettre International, 43*, Winter 1998, S. 30-35

Total Recall

Markus Miessen

In 2009, Facebook surpassed one hundred and seventy-five million users globally. The online forum now continues to grow by six hundred thousand users every day. As more and more domestic and professional users are subscribing to online databases (uploading mostly private profile information), their virtual profiles have begun traveling the web in an uncontrolled manner. Meanwhile, withdrawing from those databases has become a problem. Not all websites and social networks are created equal when it comes to breaking up. As an offshoot phenomenon, there are now expert companies such as MyReputation that do nothing else but delete information, removing photographs and images: privately chartered mercenaries that search the web for information that users no longer want to see circulating the virtual cosmos. Increasingly, it slowly dawns on them that once they have uploaded and circulated information, it can no longer simply be taken out of the circuit - it keeps on producing echoes in the virtual world, sometimes productive, sometimes outlandish, frightening, or even damaging. One's reputation has ventured into a persistent thin air, despite all attempts to efface it.

The Palast der Republik (Palace of the Republic) was situated on Berlin's Schlossplatz, serving as the seat of the East German Parliament. In February 1945, allied bombs left the Berlin Stadtschloss a burnt-out ruin. The East German authorities eventually demolished it, as they saw it as a symbol of Prussian imperialism. Afterwards, the bronze-mirrored Palast was constructed between 1973 and 1976 on the site of the former Stadtschloss and, between 2006 and 2008, was fully deconstructed in order to make way for a planned reconstruction of the Stadtschloss. To close the circle, construction is due to begin on a new palace modelled on the original. Although the Palast was essentially a building that demarcated national power both in style and physical scale, it was also regarded as a national landmark imbued with nostalgia - a cross between West German

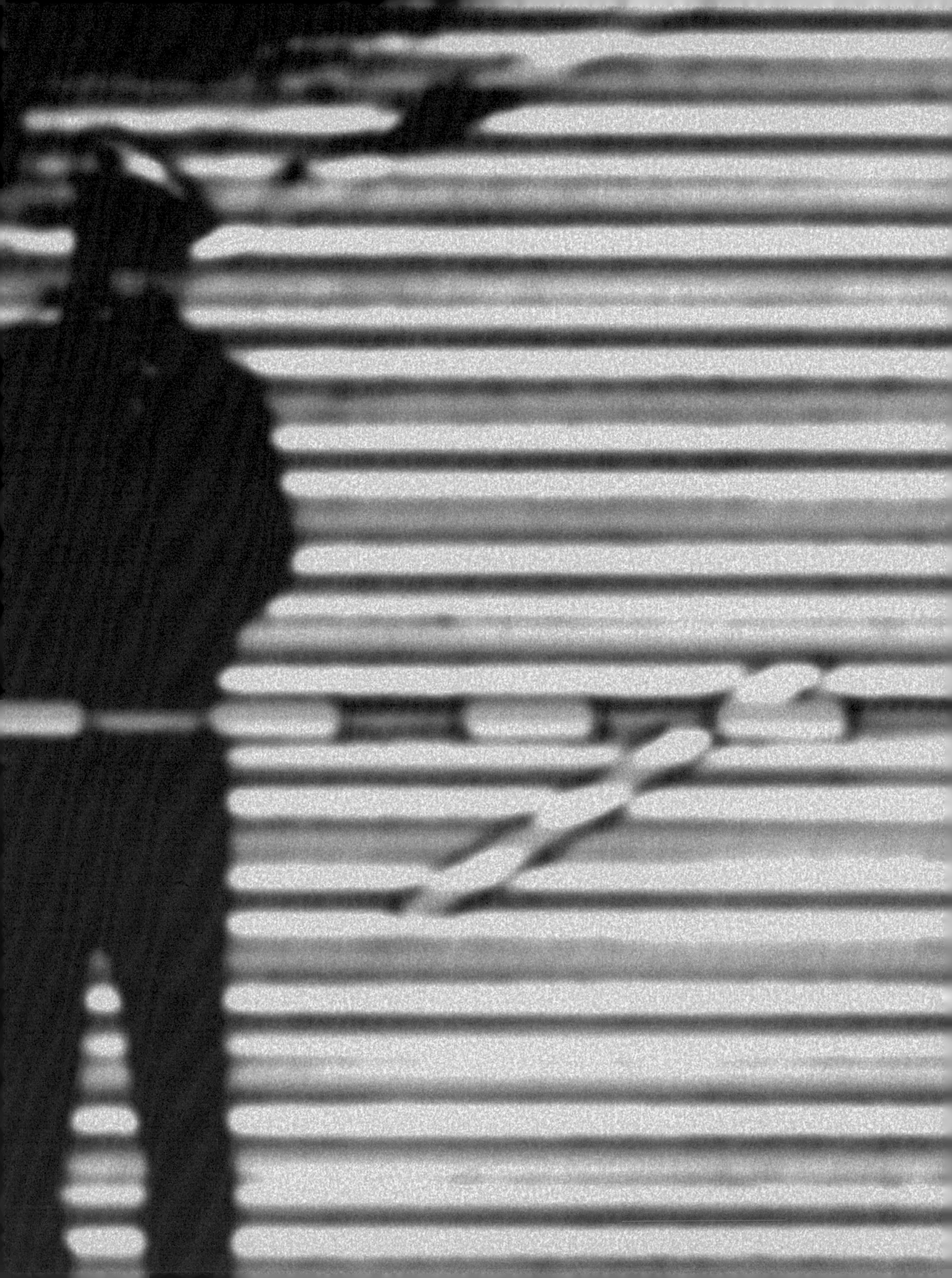

rock star Udo Lindenberg, East German leader Erich Honecker, and the Berlin band Einstürzende Neubauten.

Berlin has always been a place in which the longing for a correction of historic evidence has been particularly present. Every new wave of power, any new political regime presented an interest in the destruction of spatial-historic fact while attempting to physicalize a false nostalgia. After the fall of the Wall, it became clear that most of the superstructure of the Palast was heavily infested with asbestos, which led to an instant debate about whether the building had to be renovated or simply knocked down. This counterfeit argument over materials was used to push for a political adjustment of the physical situation and reality at hand.

Berlin is a city of immediate history. From the point of view of the city's historical torments and the residual spaces at its borders, it reveals an aspect of the relationship to the city's historical layers and their distinct ideologies. Contemporary Berlin is currently projected as a porous landscape breathing silence - a city with inner peripheries, sudden changes, breaks, voids, and inconsistencies. All of Berlin's fragments reinforce the image of a city torn by historic forces. This impression, shared by locals and tourists alike, is one of a city with a horizon of icons, but in which so much has happened in such a short time, "that the ruins have barely kept pace with the rate of ideological displacement."[1] The city, like any other European city, is an urban landscape bearing witness to all the forces that have shaped it throughout history. However, Berlin is different than any other European city because all of the forces that have tried to structure and arrange it run through the axes of history. The city has had to endure periods of absolute monarchy, Industrial Revolution, National Socialism, World War, free market economy after the war, Socialism, Cold War, the disappearance of the Communist regime, the reunification, the unparalleled building boom of the 1990s, and its current slowdown. Its built environment has had to cope with these political, economic, and military forces throughout history. The natural resilience of its built environment - the traditional sloth of architecture - has been pushed to the limit, both by the intensity of its historical waves and by the devastating energy of its rulers.

Urbanism and architecture, as the responsible stage designers of the contemporary city, have always played a major role in its identity. More than in any other city, Berlin's architectural and urban discourses have always been ideologica. This relation with ideology can be seen as a general characteristic of the city: "Urbanism does not really exist, it is only an ideology in Marx's sense of the world. Architecture does exist, like Coca-Cola: Though coated with ideology, it is a real production, falsely satisfying a falsified need. Urbanism is comparable to advertising propagated around Coca-Cola - pure spectacular ideology ...."[2] However, as the subject of an intensified sequence of urban intervention - or ideological energy in Koolhaas's sense of the world - Berlin seems to be an exception as well as an excellent example. What remains hidden in other cities, the impact of a self-assured construction of identity on the everyday appearance of the city, is part of Berlin's everyday experience. Living or being in Berlin therefore means facing politics. Ideology and urbanism are closely entangled in Berlin. The city is visible today as the result of present and past ideologies superimposed on the urban landscape. The city presents a large amount of different physical structures co-existing on top of each other, originating in old and recent ideologies. Its buildings and places encode its past and give form to the city's history and identity. What is most surprising about its built environment, though, is not the specific chronology of historical eras, but the relationship between the different layers of history at this very moment.

Berlin is clumsily unfinished. Its appearances do not match its different meanings, while architecture, as the discipline of space, is always implicated in the process of creating single controlled identities. The urbanistic intervention, apart from its origin in the desire to control, is situated in between the mental reassurance of an opaque past and an uncertain future. In order to transform the *fact* of a city into the *concept* of a city, the existing environment needs to be mentally transformed into

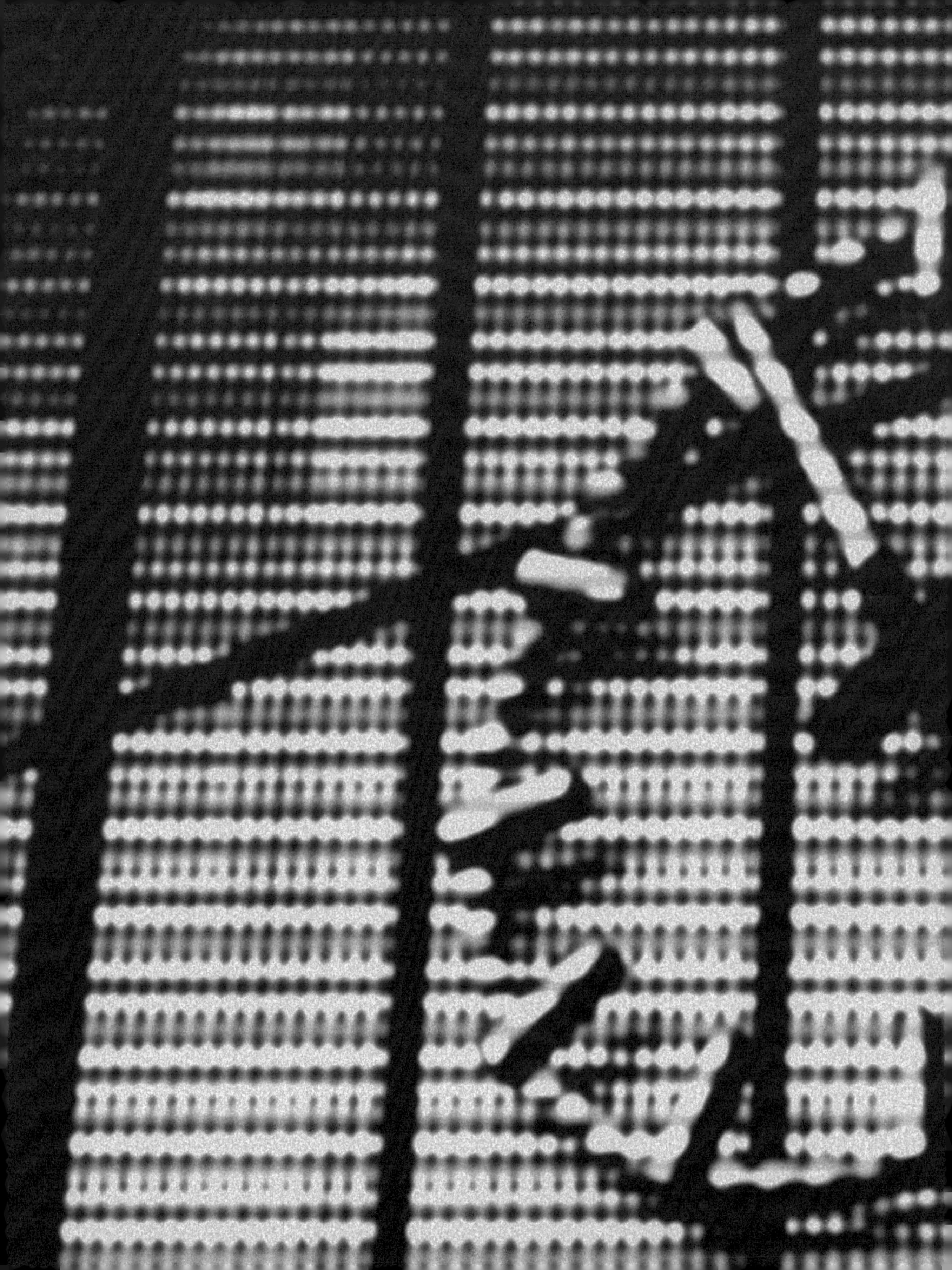

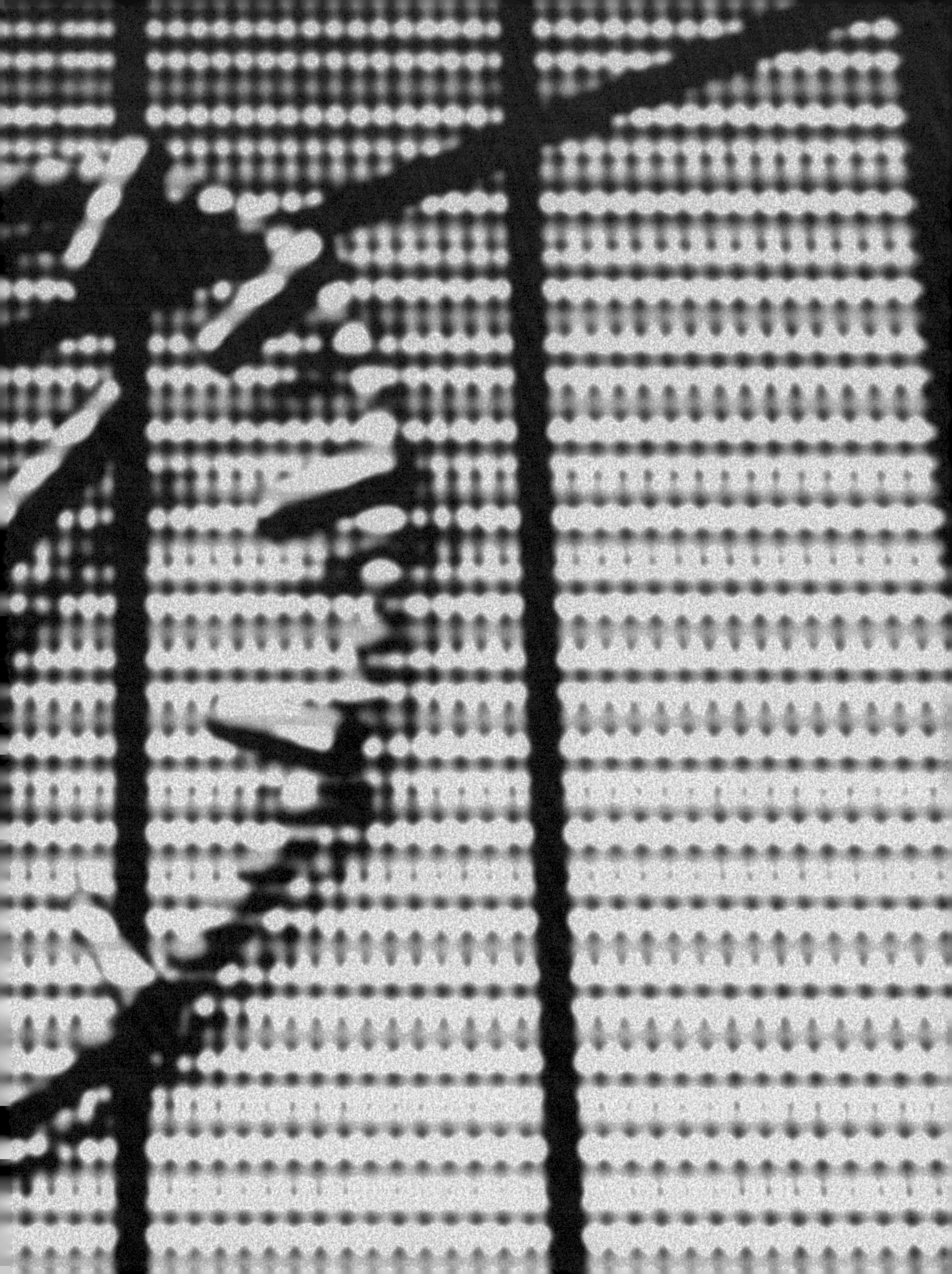

a surface that can be dealt with, into a city that awaits intervention. In this sense, the urban invention is always related to history, or better: to an image of history. The architecture of Berlin shows this constant involvement with history. The city seems to be stuck with an apparent insecurity that produces the desire to rewrite its history. Constantly reflecting their historical background, "Germans do not dream of a different future, but a different past."[3]

In every city, there has been a great need to construct symbols that signify historical periods. As representations of power in urban territories through architectural intervention, these symbols become parts of the city's memory. Berlin is short of these traditional icons for a simple reason: it is a city inflated with history but absent tradition - a territory which had to endure several processes of destruction, each calling for a redefinition of identity. There is no city more symbolic in terms of rebuilding the city on the city. Berlin is moved by an intensified dialectic of construction and destruction, a mechanism of desire for identity and tabula rasa. As a result of the continual process of construction and destruction, it presents heterogeneity and instability. Moments of tabula rasa and the explicit construction of a unified identity produce a restless urban landscape of ideological scars. Its specific environment is the result of a process of constantly changing ideologies in both political as well as architectural and therefore urban terms.

The exposed layers of history in Berlin's urban environment contribute to the phenomenon at hand: this city of constant fragmentation offers a continuous stage for re-invention. This quality could also be understood as its historic catch-22: a permanent process of longing for ideologically driven action has left Berlin as a kind of loose fabric that allows the co-existence of differing urban models and signatures. Its identity is closely related to the concept of the urban void. History has been imprinted so brutally on the physical presence of the city that, besides the well-known ideological monumentality, there is an underlying stratum of ghostly present absences that recall the city's past. To many, it is Berlin's layering of present absences that hold the city's fascination. Contradictory as it may seem, absence does not only characterize the city, it also structures it. The now absent Wall remains in many ways a structuring principle for the united city in the same way that the divided city's two sides were defined by the absence of their counterpart.[4]

Architects dream to build. The confident lines on the drawing board signify plans directed towards a bright and shiny future. Traditionally, architects have always been standing on the frontline of modern society's warfare against what exists. They have been the ones to direct and design the city of tomorrow. The driving force of such an encounter is carried by a genuine faith in progress. However, the projections of their desire not only indicate sensitivity towards society, but also reveal a distorted hidden pleasure: the desire to build is supported by the desire for power. In their attempt to sell their subjective dreams for tangible vehicles of progress, architects luxuriate in the power handed over to them by society. Legitimizing their social position, though, means hiding this pleasure. Ethics are in the means of doing so: architects understand their power as a positive tool in making the world into a better place. Patronizing, ironic, dogmatic, or cynical, the different modes of communicating an ethical message are all directed in support of the architect's legitimacy. In the architect's head, however, there is a fundamental misconception concerning this desire. As opposed to their expectation - the illusion that their child made from stone will enhance the environment - reality offers no guarantee for a better future. This is partly connected to the specificity of architectural production in general: since architecture is bound to focus its energy on a limited location, it always leaves things behind. The margin, on the contrary, is the ultimate transitory position one can take. It is not a means to intervene in the world. As opposed to architectural structures and programs, it does not do anything for a nearby or faraway future. It is simply there - it offers a datum from which content may emerge.

When Walther Ulbricht gave the order to blast the Stadtschloss the Palast der Republik, as a replacement, was supposed to fill a vacuum. But although the Palast primarily functioned as the spatial manifestation of the Volkskammer, the East German parliament, it was also used as a public venue, which included cafes, a restaurant, sport facilities, and a club. This unusual mix was picked up by the 2004 initiative Volkspalast, which (referencing the work of English architect Cedric Price) made use of the building as a cultural hub, a physical framework in which multiple and multi-facetted activities and discursive events could take place over the course of many months. At this point, the Palast was still physically present, or at least its facade was - the interior was somewhat of a hollow core, like a whale that had had its innards taken out. The temporary transformation of the building resembled the transition between a rocky past and uncertain future, a multifunctional reanimation of a glazed corpse, which in many ways had also been the ambition of Price's Fun Palace project in England in 1961, which he developed in association with theatre director Joan Littlewood. Price was one of the visionary architects of the late twentieth century who, through his challenging planning notion of the Non-plan, reinterpreted and spearheaded the relationship between spatial practice and temporal programming, often creating environments that would be responsive to visitors' needs and the many activities intended to take place there.

The Volkspalast's programmatic considerations (ranging from concert hall, theatre, exhibition space, labyrinth, club, and many more often spontaneously organized events and programs) echoed Price's practice. This urban laboratory for alternative and new forms of public, as well as for interaction and communication between the groups temporarily inhabiting those spaces, could be transformed and appropriated by its respective users. Apart from the fact that the Volkspalast was of course a direct result of the historic transformations of the Palast itself, it also responded to the situation within the architectural profession and spatial discourse per se: in architecture, over the preceding two decades, there has been an increasing obsession with formalism, especially the kind that is often based on nonsensical arguments and computer-generated excuses for a more ambitious and responsible political discourse. The majority of buildings were being planned and executed as self-referential objects. Many architects continue to misunderstand the notion of architecture as a sculpturesque artistic endeavor. In contrast, one of Price's most valuable contributions, which could also be described as his essential paradigm, was the idea that a building does not necessarily have to be physical. He smartly interrogated the notion of progress: "If technology is the answer, what was the question?" Architecture is instead something that happens over time. That has been the nature of many of his projects and right now, in midst of the financial crisis, this approach is more topical and relevant than ever. In fact, these days, one could rephrase Price's question this way: "If parametric urbanism and large-scale development is the answer, what was the question?"

Price's built work most often had and still has the quality of a stage, a stage-set of sorts, a space of uncertainty and potentiality in which things can emerge and take place. Whatever happened in the physical space was something stage-worthy. When one investigates the way in which he was dealing with the question of authorship, the most relevant tool and component within the equation of each project was the way in which the protocols for use and strategic framework were "designed." Price understood himself in a subtle and humble way as a service provider of a kind of content that can happen in space.

The margin, as the immediate stage of architecture's side effects, offers a second perspective to this specific nature of architectural production. In opposition to architecture, the space of the margin allows for a more direct idea of process, a continual transparency of progress. The physical leftover is a ground of ephemeral traces, and offers simultaneity of difference - stratified information that the places of architectural development lack in their exclusiveness. In this respect, the margin functions as the delayed catalyst of urban culture. This extra dimension to architecture's instrumentality enables us to understand the margin as a local recollection of the other,

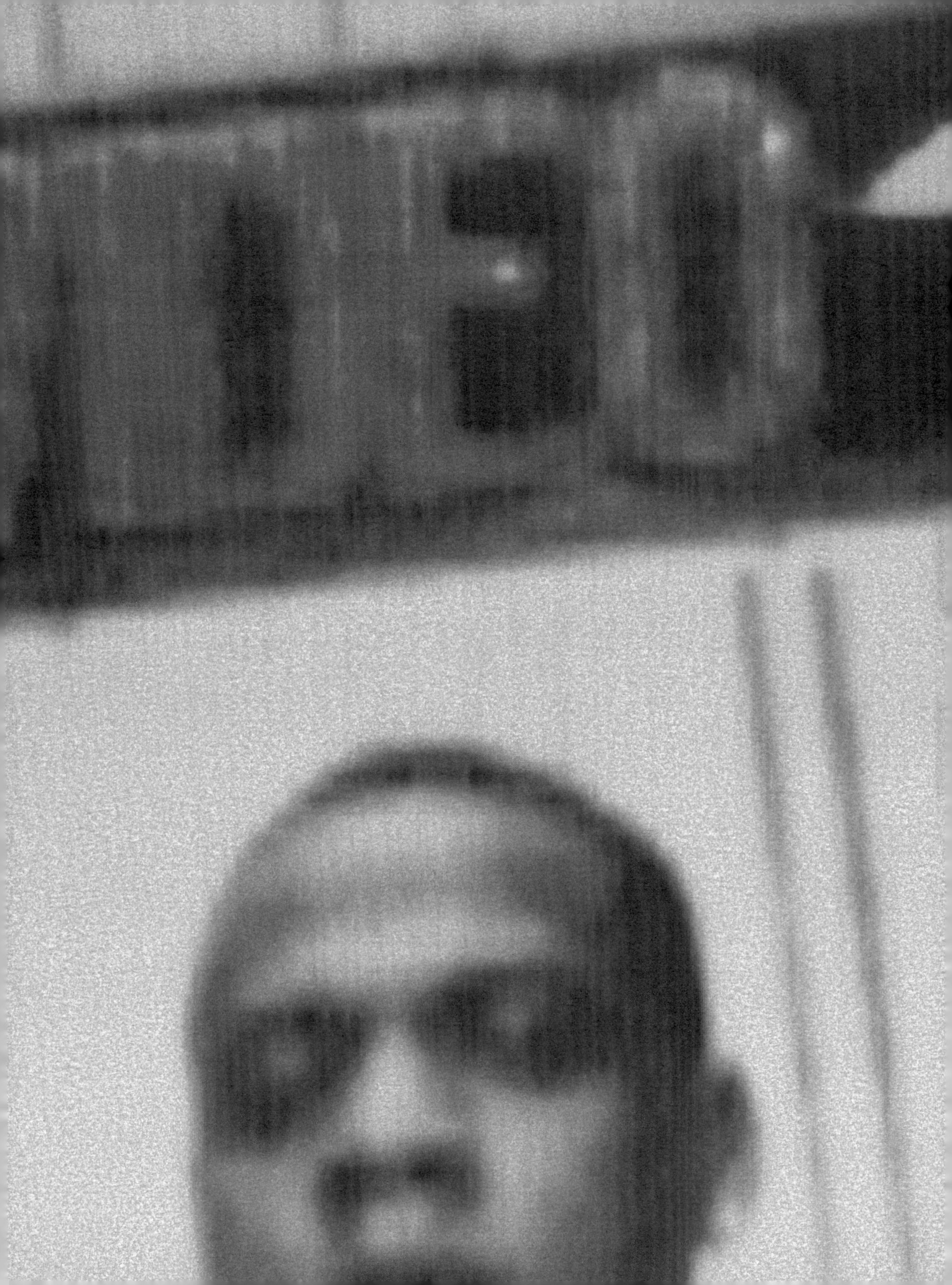

a memorial testimony of tactical space. Occupied by whispering narratives rather than visual representation, this continuity in space and time is the enormous resource that marginal territories present today as the ultimate buffer zone in the contemporary city. The margin evokes an architectural understanding which lies far beyond its own discipline. The question remains, however, how to deal with the ever-present desire for implementation. Architecture is a practice of colonialism that tends to support and satisfy the desire to fill up the in-between, to diminish its possibilities, to replace uncertainty with definition.

Bettina Pousttchi's phantom palace is titled *Echo*. It appears as a hologram on the Temporäre Kunsthalle, which was essentially intended as "a box" for local critical content production and display. But Pousttchi's temporary facade project is neither melancholic nor romantic to the extent that it could be described as borderline nostalgia. On the contrary: it produces a last reminder of how local politics, especially in and around the debate about rebuilding the Schloss, have become a farce and, moreover, simply display the populist and opportunistic fiction of Berlin as a historically adjusted and debugged city for the future international tourist.

One should not add here to the narrow-minded and long-winded debates around whether the Palast should have been destroyed or whether the Schloss should be rebuilt. The Palast is now gone and this is a reality that the city as well as the supposedly heterogeneous political space that is Germany should have dealt with, and now has to deal with. Pousttchi's installation presents neither a celebration nor a reconstruction of the Palast. From the point of view of a contemporary architect practicing within the discourse of contemporary spatial practice, it offers much more than a timely comment on something local: it produces an interim reminder of the other, set against the contemporary climate of formal practice devoid of criticism, devoid of content. The Palast's ambivalence - in its unique double function as a political space of representation and a public venue - is also presented as a visual recall, a temporal depiction that is lost on one's retina. While it embodies the experience that most of us have in Berlin's city center, one of marginality devoid of present or visible historical strata, it produces a feeling of present absence. Rather than a physical manifestation that was once there, it offers us a glimpse of a possibility, a past that was once present and could have been carried on into the future, but has now succumbed to a hologram that reminds us of the commands that Captain Kirk gives his transporter chief Montgomery Scott when he needs to transport back to the mothership. This phenomenon of absence is generic rather than bound to national heritage. It is something that everyone can experience in Berlin's sites of absence.

In urban terms, the installation should be understood much less as a political action and more as an experiment that attempts to understand the role that photography can play in the urban imagination and its personal, that is to say individual, processes of archiving history. The reflections and mirror images on Pousttchi's facade neither depict nor distort the concrete or actual urban fabric of the surroundings - they imagine a possible space beyond its locale. Moreoever, *Echo* interrogates the current discourses around the potentiality of the Kunsthalle as a typology that presents a showcase of local critical artistic production. Pousttchi's piece takes this notion and question to the nth degree, both in terms of its content and scale as well as its urban potential and visibility, playing with the tourist gaze. What mode of local criticality does it produce? How does it set itself apart from other artistic formats of representation such as the museum, Kunstverein, or gallery? Pousttchi's facade inverts this dilemma in order to make visible the conflict between the container, which is the Kunsthalle, and the political space and responsibility it is supposed to assume. Instead of a politicization on the inside, politics has become a mere facade.

As it is often impossible to withdraw one's profile from the Internet, it seems to be difficult to pretend that by simply planning otherwise, a discourse and debate about a political space can simply be negated and ruled out. While Pousttchi's

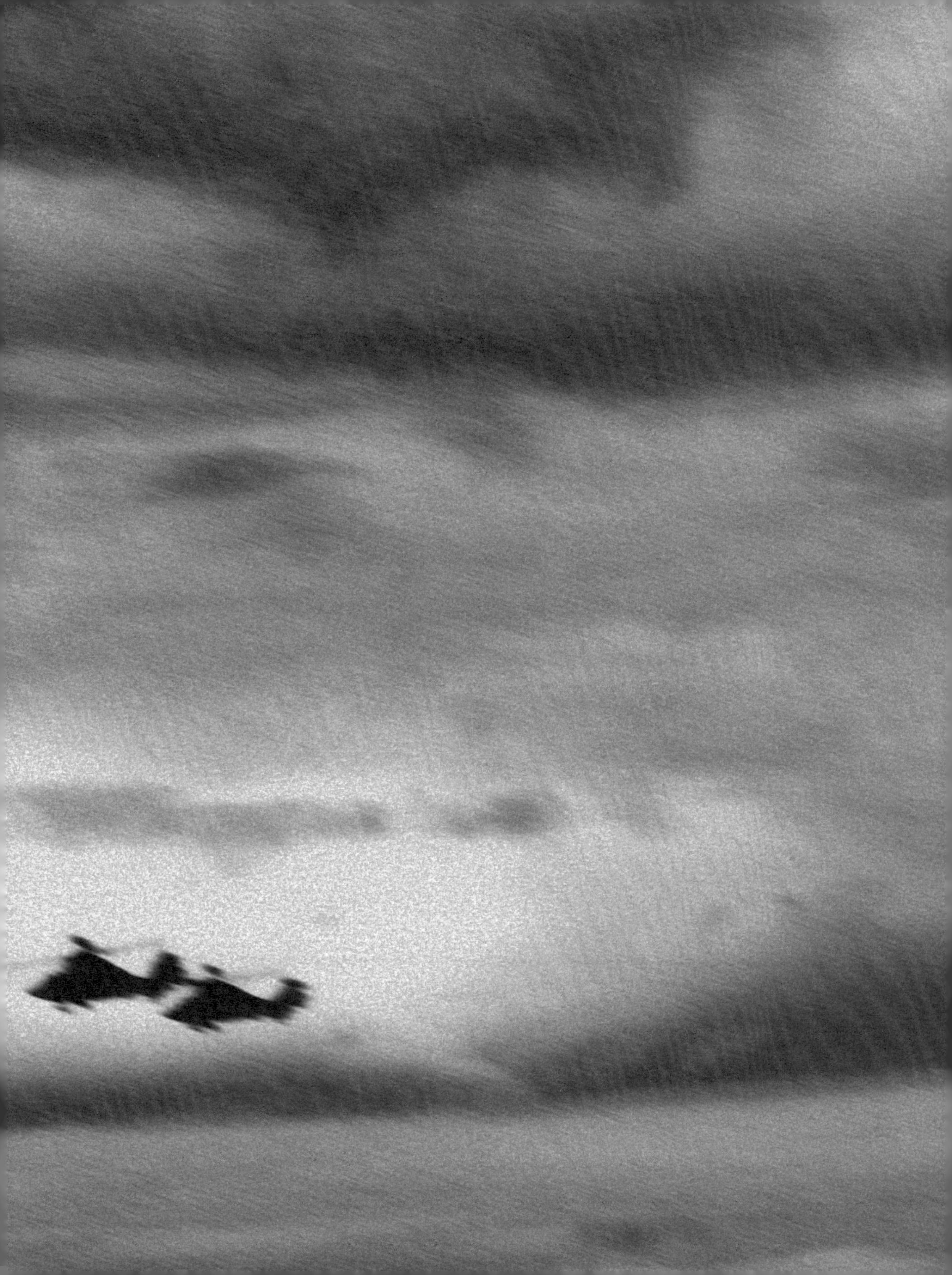

project renders the impossibility of erasing physical matter and discourse from history, it experiments with the physical and conceptual scale of media as a means to critically reposition and call into a question a debate that has gone on for so long that it no longer manages to polarize. Where Leipzig's 1989 Monday demonstrations and the transformative potential of the 2004 Volkspalast were symbols of a slow march, not through the institutions, but towards a quiet and peaceful revolution, the Palast itself was never reinterpreted in terms of its possible use and program; it simply changed hands from state-authority to urban initiatives. As the building has come to symbolize the impotence of the architectural profession, it becomes clear that its future has always been determined by political considerations beyond the critical. Symbolizing the impossibility of erasing identity's potential of the past-progressive, Pousttchi's installation, more than anything, illustrates that when Gil Scott-Heron said the revolution will not be televised, he was wrong. It was.

1 Brian Hatton, "Letters from Berlin," *AA Files* 21(1991), 102-03.

2 Rem Koolhaas in *More Is More: OMA/Rem Koolhaas - Theorie und Architektur*, ed. Heike Sinning (Tübingen: Ernst Wasmuth Verlag, 2000), 99.

3 Philipp Oswalt, *Berlin Stadt ohne Form* (Munich: Prestel, 2000), 56.

4 Richard Shusterman, "Ästhetik der Abwesenheit," *Lettre International* 43 (1998), 30-35.

Diedrich Diederichsen ist seit 2006 Professor für Theorie, Praxis und Vermittlung von Gegenwartskunst an der Akademie der Bildenden Künste in Wien. In den 1980er Jahren war er Redakteur verschiedener Musikzeitschriften (*Sounds, Spex*) und in den 1990er Jahren arbeitete er als Hochschullehrer. Von 1998-2006 war er Professor für Kulturtheorie/Kunstwissenschaften an der Merz-Akademie, Fachhochschule für Gestaltung, Stuttgart. Zu seinen letzten Veröffentlichungen gehören: *Stein, Schere, Papier*, Kunsthaus Graz (Köln: Verlag der Buchhandlung Walther König 2009); *Kritik des Auges - Texte zur Kunst* (Hamburg: Philo Fine Arts 2008); *Eigenblutdoping - Selbstverwertung, Künstlerromantik, Partizipation* (Köln: Kiepenheuer & Witsch 2008); *Über den Mehrwert (der Kunst)* (Rotterdam: Witte de With 2008); *Golden Years - Dokumente und Materialien zu queerer Subkultur* (Graz: Camera Austria 2006, Mitherausgeber); *Musikzimmer - Avantgarde und Alltag* (Köln: Kiepenheuer & Witsch 2005).

Diedrich Diederichsen is professor in the theory, practice, and mediation of contemporary art at the Akademie der Bildenden Künste in Vienna. In the 1980s, he was editor of various music journals (including *Sounds* and *Spex*). In 1990 he began teaching at the university level. From 1998 to 2006, he was professor of cultural theory and art studies at the Merz-Akademie, Fachhochschule für Gestaltung, Stuttgart. His most recent publications include: *Stein, Schere, Papier* (Graz: Kunsthaus Graz; Walther König: Cologne, 2009), *Kritik des Auges: Texte zur Kunst* (Philo Fine Arts: Hamburg, 2008), *Eigenblutdoping: Selbstverwertung, Künstlerromantik, Partizipation* (Kiepenheuer & Witsch: Cologne, 2008), *Über den Mehrwert (der Kunst)* (Witte de With: Rotterdam, 2008), *Golden Years: Dokumente und Materialien zu queerer Subkultur* (Camera Austria: Graz, 2006; as coeditor), and *Musikzimmer: Avantgarde und Alltag* (Kiepenheuer & Witsch: Cologne, 2005).

Tom McCarthy ist ein in London lebender Schriftsteller und Künstler. Sein erster Roman *Remainder* (London: Vintage 2007; Dt.: *8 1/2 Millionen*), dreht sich um Trauma und Re-Enactment und wurde in mehr als zehn Sprachen übersetzt. Zurzeit arbeitet Film4 an einer Kinofassung. Im Jahre 2008 gewann McCarthy den Believer Book Award. Seine Avantgarde-Organisation The International Necronautical Society (die wirklich existiert oder auch nicht) manifestiert sich in Publikationen, öffentlichen Bekanntmachungen und Veranstaltungen sowie in konventionellen Ausstellungen, wie kürzlich in der Tate Britain, London, und dem Moderna Museet, Stockholm. McCarthy hat außerdem das Sachbuch *Tintin and the Secret of Literature* (London: Granta 2006) verfasst sowie zahlreiche Essays, unter anderem für *The New York Times*, *The London Review of Books*, *Harper's* und *Artforum*. Sein neuer Roman *C* erkundet das Verhältnis von Technologie und Trauer und erscheint 2011 in deutscher Übersetzung bei DVA.

Tom McCarthy is a writer and artist living in London. His first novel *Remainder* (Vintage: London, 2007), which turns around trauma and re-enactment, has been translated into more than ten languages and is currently being adapted for cinema by Film4. In 2008 it won the Believer Book Award. His avant-garde art "organisation," the International Necronautical Society, (which may or may not actually exist) surfaces through publications, proclamations and denunciations, live events and conventional art exhibitions at institutions that in recent years have included Tate Britain London and Moderna Museet Stockholm. McCarthy is also author

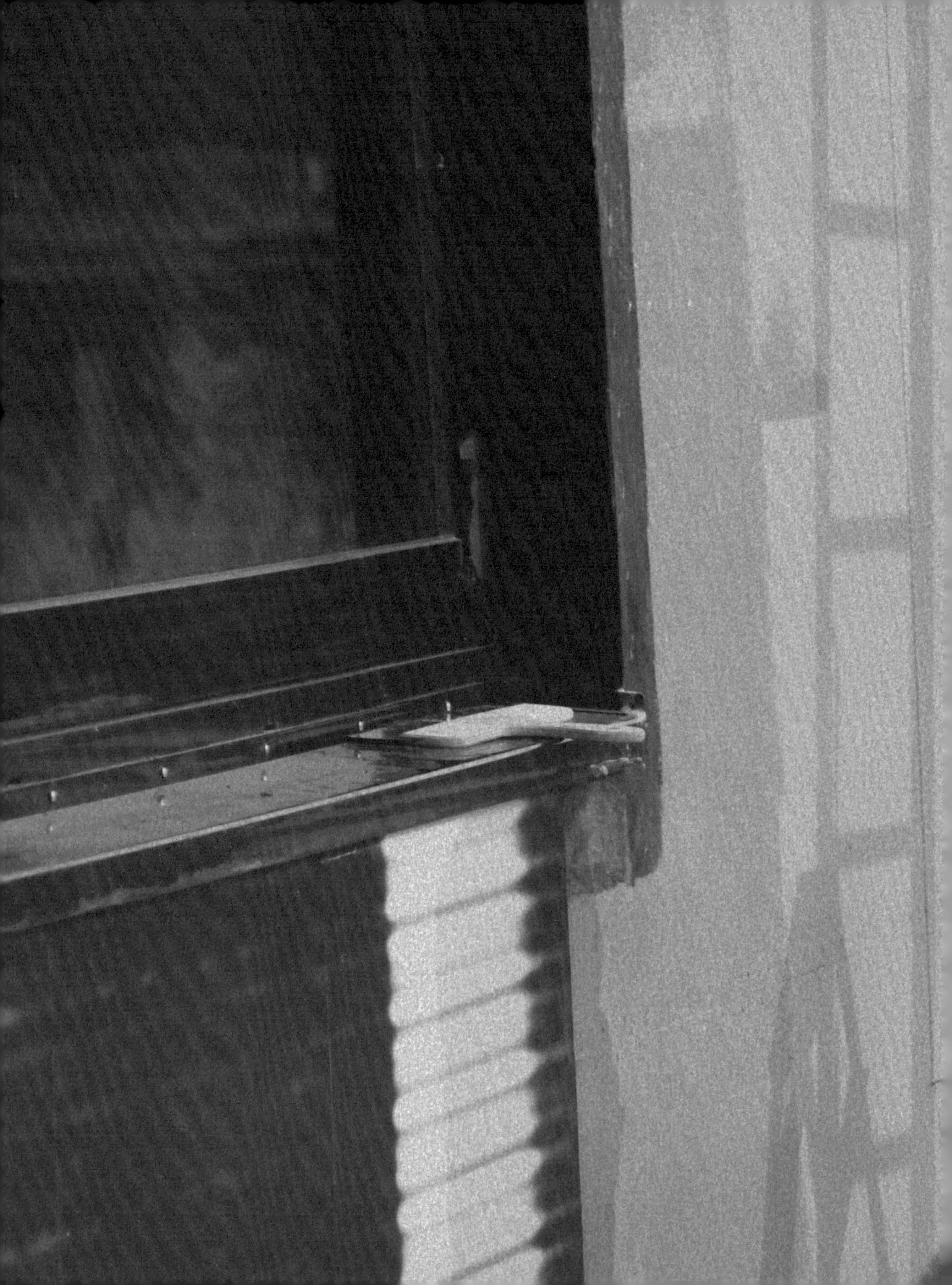

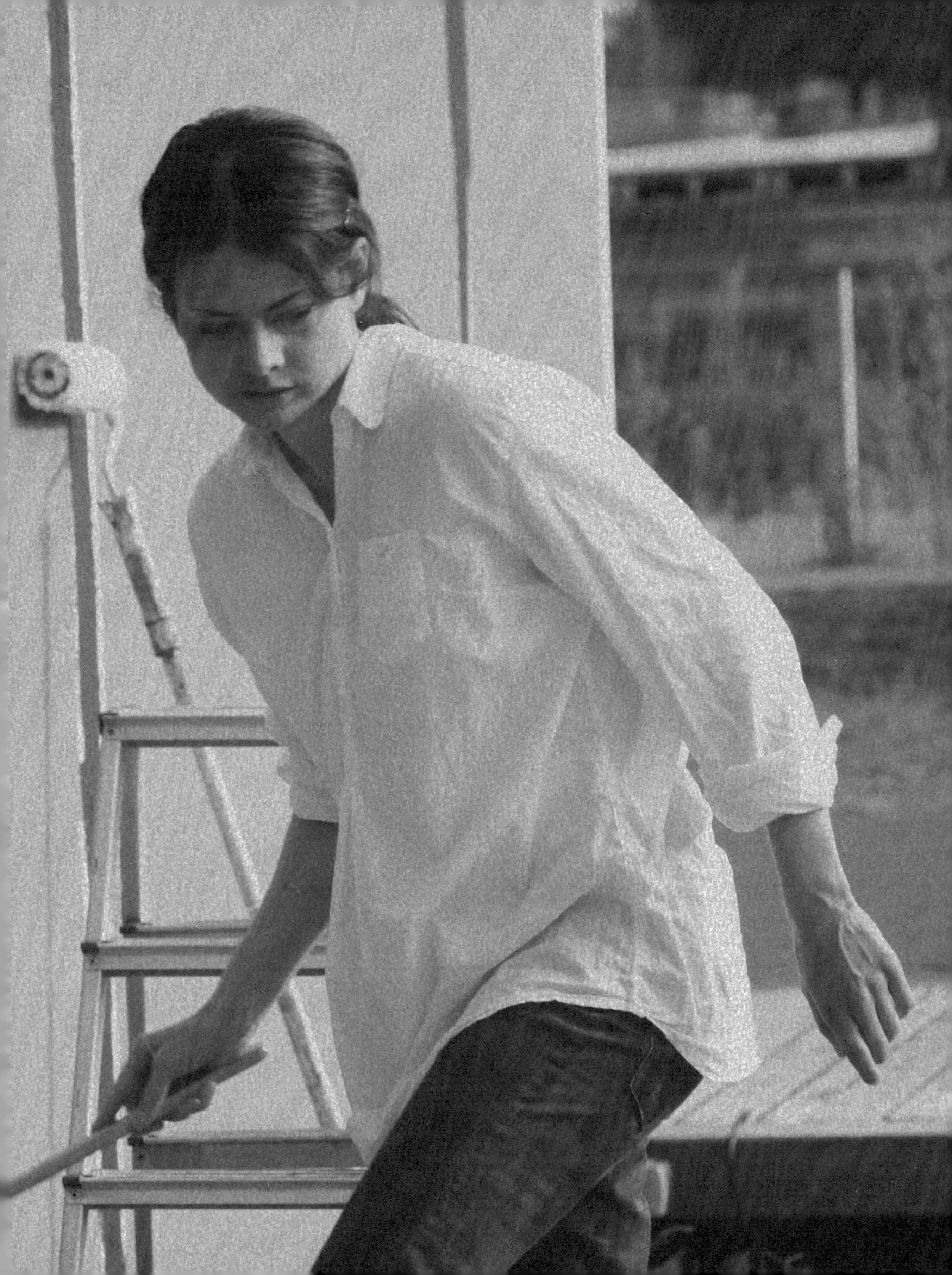

of the nonfiction book *Tintin and the Secret of Literature* (Granta: London, 2006) and of numerous essays that have appeared in publications such as *The New York Times*, *The London Review of Books*, *Harper's*, and *Artforum*. His new novel *C*, which explores the relationship between technology and mourning, will be published by Jonathan Cape in 2010.

Markus Miessen ist Architekt, Autor und Berater. 2002 gründete er das Studio Miessen, eine kollaborative Agentur für räumliche Praxis und kulturelle Forschung, und war 2007 Mitbegründer des Architekturbüros nOffice. In unterschiedlichen Kollaborationen hat er zahlreiche Bücher publiziert, wie z.B. *The Nightmare of Participation* (Berlin/New York: Sternberg Press/Merve 2010); *East Coast Europe* (Berlin/New York: Sternberg Press 2008); *The Violence of Participation* (Berlin/NewYork: Sternberg Press 2007); *With/Without - Spatial Products, Practices and Politics in the Middle East* (Dubai: Bidoun/Moutamarat 2007) und *Did Someone Say Participate?* (Cambridge, Mass.: MIT Press 2006). Seine Arbeiten wurden an zahlreichen Orten ausgestellt, u. a. den Biennalen von Lyon, Venedig und Shenzhen. Miessen hat international gelehrt, so an der Architectural Association in London, dem Berlage Institute in Rotterdam, der Columbia University, New York und dem Massachusetts Institute of Technology, Boston. Er war beratend tätig für die Slowenische Regierung, die European Kunsthalle, die Serpentine Gallery und den Schweizer Thinktank WIRE. 2008 gründete er die Winter School Middle East (Dubai/Kuweit). Miessen ist zurzeit Fellow an der Harvard University, Doktorand am Goldsmiths College und Architektur-professor an der Hochschule für Gestaltung, Karlsruhe.

Markus Miessen is an architect, writer, and consultant. In 2002, he set up Studio Miessen, a collaborative agency for spatial practice and cultural inquiry, and in 2007 was founding partner of the architectural practice nOffice. In various collaborations, Miessen has published books such as *The Nightmare of Participation* (Sternberg Press/Merve: Berlin/New York, 2010), *East Coast Europe* (Sternberg Press: Berlin/New York, 2008), *The Violence of Participation* (Sternberg Press: Berlin/New York, 2007), *With/Without - Spatial Products, Practices and Politics in the Middle East* (Bidoun/Moutamarat: Dubai, 2007), and *Did Someone Say Participate?* (MIT Press: Cambridge, Mass., 2006). His work has been exhibited and published widely, including at the Lyon, Venice, and Shenzhen Biennials. Miessen has taught internationally at institutions such as the AA (London), Berlage Institute (Rotterdam), Columbia University (New York) and the Massachusetts Institute of Technology (Boston). He has consulted for the Slovenian Government, the European Kunsthalle, the Serpentine Gallery, and the Swiss think tank, WIRE. In 2008, he founded the Winter School Middle East. Miessen is a Harvard University fellow, a Ph.D. candidate at Goldsmiths College, and a Professor of Architecture at the Hochschule für Gestaltung, Karlsruhe.

Hans Ulrich Obrist ist seit 2006 Co-director of Exhibitions and Programmes und Director of International Projects an der Serpentine Gallery in London. Zuvor war er von 2000 bis 2006 Kurator am Musée d'Art moderne de la Ville de Paris sowie von 1993 bis 2000 Kurator des museum in progress in Wien. Obrist hat seit 1991 mehr als 200 Einzel- und Gruppenausstellungen und Biennalen kuratiert und ko-kuratiert, darunter: *World Soup*, 1991; *do it*, 1994; *Take Me, I'm Yours*, 1995; *Manifesta 1*, 1996; *Cities on the Move*, 1997; 1. Berlin Biennale, 1998; *Utopia Station*, 2003; Lyon Biennale, 2007; und Yokohama Triennale, 2008. Zu seinen letzten Buchveröffentlichungen gehören: *A Brief History of Curating* (Zürich: JRP Ringier

2009); *Gerhard Richter Text* (Köln/London: Verlag der Buchhandlung Walther König/Thames & Hudson 2009); *The Pen is the Sister of the Brush, Maria Lassnig* (Göttingen: Steidl 2009); *The Conversation Series*, volumes 1-20 (Köln: Verlag der Buchhandlung Walther König 2009). 2009 wurde er zum Honorary Fellow of the Royal Institute of British Architects (RIBA) ernannt. Obrist ist Redakteur der Zeitschriften *Abitare Magazine*, *Artforum*, *Paradis Magazine* und *032c*.

Hans Ulrich Obrist has been the Co-director of Exhibitions and Programmes and Director of International Projects at the Serpentine Gallery in London since 2006. Prior to this, he was Curator of the Musée d'Art moderne de la Ville de Paris from 2000 to 2006, as well as curator of the museum in progress in Vienna from 1993 to 2000. Obrist has curated and co-curated over 200 solo and group exhibitions and biennials internationally since 1991, including: *World Soup*, 1991; *do it*, 1994; *Take Me, I'm Yours*, 1995; *Manifesta 1*, 1996; *Cities on the Move*, 1997; 1st Berlin Biennale, 1998; *Utopia Station*, 2003, Lyon Biennale, 2007; and Yokohama Triennale, 2008. Recent publications include *A Brief History of Curating* (JRP Ringier: Zürich, 2009), *Gerhard Richter Text* (Walther König/Thames & Hudson: Cologne/London, 2009), *The Pen Is the Sister of the Brush, Maria Lassnig* (Steidl: Göttingen, 2009), *The Conversation Series, volumes 1-20* (Walther König: Cologne, 2009). In 2009, he was made an Honorary Fellow of the Royal Institute of British Architects (RIBA). Obrist is contributing editor of *Abitare Magazine*, *Artforum*, *Paradis Magazine*, and *032c Magazine*.

Angela Rosenberg ist Kunsthistorikerin und Kuratorin. Für die Temporäre Kunsthalle Berlin verantwortet sie das Ausstellungsprogramm, das Künstler als Kuratoren vorstellt. Zuvor war sie als freie Mitarbeiterin für das Art Forum Berlin und die 4. und 5. Berlin Biennale tätig. Ihre Veröffentlichungen finden sich in internationalen Kunstzeitschriften (*Flash Art International*, *spike art quaterly*, *Parkett*) sowie in zahlreichen Ausstellungskatalogen: *Lieber Maler, male mir... - Radikaler Realismus nach Picabia*, Centre Pompidou Paris/Schirn Kunsthalle Frankfurt/Kunsthalle Wien (Paris: Adagp 2002); *Formalismus, Moderne Kunst, heute*, Hamburger Kunstverein (Köln: DuMont 2004); *History Will Repeat Itself*, Hartware MedienKunstVerein, Dortmund/KW Institute for Contemporary Art (Frankfurt/Main: Revolver 2007); *Into Me/Out of Me*, P.S.1, New York/KW Institute for Contemporary Art, Berlin (Ostfildern: Hatje Cantz 2007); *Destroy, She Said*, Julia Stoschek Collection, Düsseldorf (Ostfildern: Hatje Cantz 2008); *Fragile*, Julia Stoschek Collection, Düsseldorf (Ostfildern: Hatje Cantz 2009) sowie für die Temporäre Kunsthalle Berlin.

Angela Rosenberg is an art historian and curator. She is responsible for the exhibition program at the Temporäre Kunsthalle Berlin, which presents artists as curators. Prior to that, she was active as a freelancer for Art Forum Berlin and the 4th and 5th Berlin Biennale. She has published in international art journals (*Flash Art International*, *spike art quarterly*, *Parkett*) and in numerous exhibition catalogs: *Lieber Maler, male mir... - Radikaler Realismus nach Picabia* (Centre Pompidou Paris; Schirn Kunsthalle Frankfurt; Kunsthalle Wien; Adagp: Paris, 2002), *Formalismus, Moderne Kunst, heute* (Hamburger Kunstverein; DuMont: Cologne, 2004), *History Will Repeat Itself* (Hartware MedienKunstVerein Dortmund; KW Institute for Contemporary Art Berlin; Revolver: Frankfurt/Main, 2007), *Into Me / Out of Me* (P.S.1 New York; KW Institute for Contemporary Art Berlin; Hatje Cantz: Ostfildern, 2007), *Destroy, She Said* and *Fragile* (Julia Stoschek Collection Düsseldorf; Hatje Cantz: Ostfildern, 2008 and 2009); as well as for the Temporäre Kunsthalle Berlin.

Esther Ruelfs hat Kunstgeschichte an der Ruhr-Universität Bochum studiert und zahlreiche Texte zu zeitgenössischen und historischen Themen der Fotografie geschrieben und Publikationen herausgegeben, darunter *Fotografische Leidenschaften* (Marburg: Jonas 2007) und *Images Recalled - Bilder auf Abruf* (Heidelberg: Kehrer 2009). Sie hat verschiedene fotografische Ausstellungsprojekte kuratiert, u. a. *Zeitgenössische Deutsche Fotografie*, Museum Folkwang, Essen (2003), *Die elegante Welt der Regina Relang*, Fotomuseum im Münchner Stadtmuseum (2005) und das 3. Fotofestival Mannheim Ludwigshafen Heidelberg (2009). Darüber hinaus hat sie im akademischen Bereich zur Fotografie gearbeitet, zuletzt am Forschungsprojekt „Die Grenzen des Fotografischen" der Hochschule für Bildende Künste, Braunschweig. Sie arbeitet als Kuratorin am Museum der Moderne, Salzburg.

Esther Ruelfs studied art history at the Ruhr-Universität Bochum and has contributed to and edited numerous publications on contemporary and historical subjects in photography, including: *Fotografische Leidenschaften* (Jonas: Marburg, 2007) and *Images Recalled - Bilder auf Abruf* (Kehrer: Heidelberg, 2009). She has curated various photographic exhibitions, including: *Zeitgenössische Deutsche Fotografie*, Museum Folkwang, Essen (2003), *Die elegante Welt der Regina Relang*, Fotomuseum im Münchner Stadtmuseum (2005), and the Third Fotofestival Mannheim Ludwigshafen Heidelberg (2009). In addition, she has been active academically in photography, most recently as part of the research project "Die Grenzen des Fotografischen" at the Hochschule für Bildende Künste, Braunschweig. She works as a curator at the Museum der Moderne, Salzburg.

Biographie / Biography
Bettina Pousttchi ist eine in Berlin lebende deutsch-iranische Künstlerin, die 1971 in Mainz geboren wurde.
Bettina Pousttchi is a Berlin-based German-Iranian artist, born in Mainz / Germany in 1971.

Ausbildung / Education
1999 / 2000
Whitney Independent Studio Program, Whitney Museum, New York
1995-1999
Kunstakademie Düsseldorf (Prof. Rosemarie Trockel, Prof. Gerhard Merz)
1992-1997
Studium der Philosophie, Kunstgeschichte und Filmtheorie, Universitäten zu Köln und Bochum / Studies in philosophy, art history and film theory, Universities of Cologne and Bochum
1990-1992
Kunststudium / Studies in Fine Art, Université de Paris VIII

Preise und Stipendien / Grants, Awards and Residencies
2008
TrAIN Research Center for Transnational Art, Identity and Nation, University of the Arts, London
2007
BBAX - Berlin Buenos Aires Art Exchange, Buenos Aires
2005
Provinzial Förderprojekt
2003
Die Goldene Lotte
2000
Kunststiftung NRW
1999
Die Goldene Lotte

Einzelausstellungen / Solo Exhibitions
2009
Temporäre Kunsthalle, Berlin (cat.)
2008
Triangle Gallery, Chelsea
College of Art and Design, London
Buchmann Box, Berlin
2007
Von der Heydt Museum / Kunsthalle Barmen, Wuppertal (cat.)
Buchmann Galerie, Berlin
2006
Buchmann Galerie, Berlin
2005
Leopold Hösch Museum, Düren
Dortmunder Kunstverein, Dortmund
Buchmann Galerie, Köln
2004
Next Door, Rom
Cineroma, public city project, Rom
2003
Württembergischer Kunstverein, Stuttgart (cat.)
2002
Vous Etes Ici, Amsterdam
Chelsea Kunstraum, Köln
2001
Verein Junge Kunst, Wolfsburg
Museum Morsbroich, Leverkusen (cat.)

Gruppenausstellungen / Group Exhibitions
2010
Why do you resist?, Pori Art Museum, Pori
Esposicao 5, BES arte, Lisbon
Lightshow, Buchmann Galerie, Lugano
Mixtapes: Popular Music in Contemporary Art, Lewis Glucksman Gallery, Cork
2009
53rd Biennale di Venezia, Glasstress, Palazzo Cavalli Franchetti, Venezia (cat.)
Immortality, Sustaining the Present, the Past, the Future, TENT, Center for Visual Arts, Rotterdam
Born to be wild, Kunstmuseum St. Gallen (cat.)
Oppositions & Dialogues, Kunstverein Hannover (cat.)
Km 500 / 2, Kunsthalle Mainz (cat.)
Monuments with a Horizon Line II, Buchmann Galerie, Berlin (with Markus Miessen)
Images recalled, Drittes Fotofestival, Wilhelm-Hack Museum, Ludwigshafen (cat.)
No Place like this, Castillo de Santa Bárbara, Alicante (cat.)
Zeigen. Eine Audiotour durch Berlin mit Karin Sander, Temporäre Kunsthalle Berlin
Pièces de Résistance. Formen von Widerstand in der zeitgenössischen Kunst, Kunstmuseum Thun
2008
Zeitblick, Ankäufe der Sammlung der Bundesrepublik Deutschland, Martin-Gropius-Bau, Berlin (cat.)
Heartquake, Mueum on the Seam, Jerusalem (cat.)
Three Colors: Red, Fraternity, Rohkunstbau XV., Villa Kellermann, Potsdam (cat.)
The Krautcho Club, Forgotten Bar Project, Berlin; Project Space 176, London
Zehn Jahre, Verein Junge Kunst, Wolfsburg (cat.)
2007
BBAX, Berlin Buenos Aires Art Exchange, Centro Cultural Recoleta, Buenos Aires
A Tribute to 35 Years of the Essl Collection, Essl Museum, Klosterneuburg / Wien
Rock, Paper, Scissors, Buchmann Galerie, Berlin
Idylle. Traum und Trugschluss, DA 02 Domus Artium 2002, Salamanca and Galerie der Stadt Remscheid (cat.)

20 Jahre - 100 Künstler, Kunstverein Schwerte
Transparency, Middlebury College Museum of Art, Middleburry
2006
Idylle. Traum und Trugschluss, Phoenix Kulturstiftung / Sammlung Falckenberg, Hamburg (cat.)
Die Jugend von heute, Schirn Kunsthalle, Frankfurt am Main (cat.)
Anstoss Berlin - Kunst macht Welt, Haus am Waldsee, Berlin (cat.)
Transparency, The Corridor Gallery, Reykjavik
Whitney Biennale 2006: Day for Night, Peace Tower, Whitney Museum of American Art, New York (cat.)
Auswahl 4 - Wohin fahren wir eigentlich?, Ludwig Forum für internationale Kunst, Aachen
VIP III. Arena der Abstraktion, Museum Morsbroich, Leverkusen
Monuments with a Horizon Line, Buchmann Galerie, Berlin
Tableau - Palais des arts, Palais im Großen Garten, Dresden
2005
Dreams, Buchmann Galerie, Köln
2004
Utopia Station, Haus der Kunst, München
Für die Konstruktion des Unmöglichen, European Kunsthalle, Köln
VIP 2 - Die Neuen, Museum Morsbroich, Leverkusen
You'll never walk alone, Kunstverein Malkasten, Düsseldorf
Rheinschau, Rheinhallen, Köln
Träum weiter, Kunstgruppe, Köln
2003
La Biennale di Venezia, Absolut Generations, Palazzo Zenobio, Venezia
La Biennale di Venezia Utopia Station Poster Project, Arsenale, Venezia
Utopia Station Poster Project, Haus der Kunst, München
(*Utopia Station Poster Project* and *Absolut Generations* with Thea Djordjadze and Rosemarie Trockel)
poème / image, Kunsthaus Schloss Wendlinghausen
Suite Voices #5, Vous Etes Ici, Amsterdam
2002
Slow Motion. Positionen zeitgenössischer Videokunst, Ludwig Forum für internationale Kunst, Aachen
Camere con Vista, Il Filatoio, Caraglio, Turin
V.I.P. 1 - Very important pieces, Museum Morsbroich, Leverkusen
Das Letzte, das Allerletzte, Kunstgruppe, Köln
Geht nicht - Gibt's nicht, Universität Bonn
Villa Romana 2003, Museum Morsbroich, Leverkusen
2001
German Leitkultur, Kunsthalle Fridericianum, Kassel
Videofilme von Künstlern, Kunsthalle Recklinghausen
In and out of control, Holden Gallery, Manchester
2000
Open studios, Whitney Museum of American Art, Whitney Independent Study Program, New York
Schnitt 2000, Kunstverein für die Rheinlande und Westfalen, Düsseldorf
Le Pratiche della Percezione, Galleria Civica di Arte Contemporanea, Trento
Suite Voices #3, Vous Etes Ici, Amsterdam
daydreams, Sies + Höke Galerie, Düsseldorf
Utopische Räume, Buchmann Galerie, Köln
Here we change, Städtische Galerie, Gladbeck
Here we Go, Skulpturenprojekt in der Maschinenhalle, Zweckel
Klasse Rosemarie Trockel, Kunstraum, Düsseldorf
Wuckenhof, Kunstverein Schwerte
Video Purgatory, Bona Fide Gallery, Chicago
1999
Natural Reality, Ludwig Forum für internationale Kunst, Aachen
Neues Gestirn, Consortium, Amsterdam
1998
Synthetik, Buchmann Galerie, Köln
1997
Wer schützt uns vor Hansi?, Kunstwerk, Köln

Bibliographie / Bibliography

Monographien / Monographs

2010
Bettina Pousttchi: Echo Berlin, Temporäre Kunsthalle Berlin, Verlag der Buchhandlung Walther König, Köln
2008
Bettina Pousttchi: Reality Reset, Von der Heydt Museum Wuppertal, Verlag der Buchhandlung Walther König, Köln
2007
Bettina Pousttchi: Departure, Verlag der Buchhandlung Walther König, Köln
2003
Bettina Pousttchi: Screen Settings, Württembergischer Kunstverein, Hatje Cantz Verlag, Ostfildern-Ruit
2001
Bettina Pousttchi: Die Katharina-Show, Museum Morsbroich, Leverkusen

Publikationen / Publications

2009

Glasstress - 53rd Biennale di Venezia, Palazzo Cavalli Franchetti Venedig, Charta

Images Recalled. 3. Fotofestival Mannheim_Ludwigshafen_Heidelberg, Kehrer Verlag, Heidelberg

Place like this - No hay lugar. Territorios de lo invisible, Castillo de Santa Bárbara, Alicante

Neuerwerbungen 1989/93 bis 2008, Städtische Galerie Wolfsburg

km 500 / 2, Kunsthalle Mainz, argobooks, Berlin

Born to Be Wild - Hommage an Steven Parrino, Kunstmuseum St. Gallen, Verlag für Moderne Kunst, Nürnberg

2008

Zeitblick, Ankäufe der Sammlung der Bundesrepublik Deutschland, Martin Gropius Bau Berlin, Dumont Verlag, Köln

XV. Rohkunstbau, Verlag Hans Schiler Berlin

Heartquake, Museum on the Seam, Jerusalem

Zehn Jahre Junge Kunst in Wolfsburg, Verein Junge Kunst Wolfsburg

2007

Buchmann Galerie seit 1975, B&M Verlag, Basel

Idylle. Traum und Trugschluss, Phoenix Kulturstiftung / Sammlung Falckenberg, Hamburg-Harburg / DA 02 Domus Artium 2002, Salamanca / Galerie der Stadt Remscheid, Hatje Cantz Verlag, Ostfildern-Ruit

A Tribute to 35 Years of the Essl Collection, Essl Museum, Klosterneuburg / Wien

2006

Anstoss Berlin, Haus am Waldsee, Berlin

Die Jugend von heute, Schirn Kunsthalle, Frankfurt

Whitney Biennale 2006: Day for Night - Peace Tower Project, Whitney Museum of American Art, New York

Art Fundamentals, Hrsg. Ocvirk / Stinson Wigg / Bone / Cayton, McGraw Hill, New York

2005

Photography Reborn, Image Making in the Digital Era, Jonathan Lipkin, Harry N. Abrams, New York

2004

Rheinschau, Art Cologne Projects, Köln

2003

Dreams and Conflicts - The Dictatorship of the Viewer, La Biennale di Venezia, Venedig

Absolut Generations, La Biennale di Venezia, Venedig

2002

Slow Motion, Ludwig Forum für internationale Kunst (CD-Rom), Aachen

Camere con Vista, Il Filatoio, Caraglio, Turin

2001

Site 20/01 Schnitt, Künstlerbuch, Düsseldorf

Rundgang, Kunsthalle Fridericianum, Kassel

2000

Schnitt 2000, Kunstverein für die Rheinlande und Westfalen, Düsseldorf

Wuckenhof, Kunstverein, Schwerte

Here we Go, Skulpturenprojekt, Gladbeck

Le Pratiche della Percezione, Galleria Civica di Arte Contemporanea, Trient

1999

Natural Reality. Künstlerische Positionen zwischen Natur und Kultur, Ludwig Forum für Internationale Kunst, Aachen

Ausgewählte Artikel / Selected Articles

2009

Art Review, *Top Five. What to see this Month by Dieter Roelstraete*, Issue 37, Dez., p.38

Spex. Magazin für Popkultur, *Spiegelungen einer potenziellen Stadt.* Bettina Pousttchi im Gespräch mit Markus Miessen, # 323, Nov./Dez., p.88-91

Frankfurter Allgemeine Zeitung, *Fort mit dem weißen Karton*, Niklas Maak, 18.Nov., p.29

Le Figaro Magazine, *La tentation d'une île*, 31.Okt., p.83

The New York Times, *Filling a Hole in the Middle of Berlin*, Kimberly Bradley, 18.Nov.

The Nation, *A Makeshift World*, Barry Schwabsky, 9.Nov.

Exberliner, *Interview Bettina Pousttchi*, Rocky Smith, Nov., p.35

Build, Das Architekten-Magazin, *ECHO*, Olaf Winkler, 12.Okt., p.8

Süddeutsche Zeitung, *Einheit 2009*, Jens Bisky, 02.-04.Okt., p.4

Kulturspiegel, *Simulierte Spiegelung*, Ingeborg Wiensowski, Heft 10; Okt., p.42/43

Neues Deutschland, *Luftiger Garten, schwebender Palast*, Tom Mustroph, 28.Sep., p.17

Frankfurter Allgemeine Sonntagszeitung, *Das ist doch keine Kunst. Das ist Berlin*, Niklas Maak, 27.Sep, p.28

Der Tagesspiegel, *Im Zeichen des Skorpions*, Nicola Kuhn, 25.Sep., p.26

Berliner Morgenpost, *Optische Täuschung*, BM, 18.Sep., p.12

Süddeutsche Zeitung, *Deko und Munition*, Volker Breidecker, 11.Sep., p.13

Zitty Berlin. Das Hauptstadtmagazin, *Alles auf Anfang*, Johannes Wendland, Heft 19/2009 (10.-23.Sep.), p.90

Monopol, *Bilder des Verschwindens, Bilder des Krieges*, Jens Hinrichsen, Sep., p.121

Neue Presse, *Eng, enger, Kunstverein*, Henning Queren, 29.Mai, p.20

Tagblatt St. Gallen, *Blut, Tod und Freiheit*, Brigitte Schmid-Gugler, 28.Mai, p.30

2008

Build, Das Architekten-Magazin, *Atmosphäre der Ambivalenz*, Bettina Pousttchi im Gespräch mit Markus Miessen, p.42-45

Kunstforum international, *Bettina Pousttchi-Reality Reset*, Von der Heydt Museum Wuppertal / Kunsthalle Barmen, Susanne Boeker, Jan./Feb.
Potsdamer Neueste Nachrichten, *Die Farbe Rot*, Klaus Büstrin, 9.Juli
Der Tagesspiegel, *Brüder, zum Rot!*, Nicola Kuhn, 13.Juli
Berliner Zeitung, *Rote Brüder, rote Schwestern*, Sebastian Preuss, 14.Juli
art - Das Kunstmagazin, *Roter Themenladen*, Kito Nedo, Sep.
2007
NY Arts Magazine, *Berlin´s Recent Artworld Ascent*, Emilie Trice, Vol.12, Nr.3/4, p.37
Monopol, *Bettina Pousttchi*, Nr.6, p.115
Der Tagesspiegel, *Die Macht der Zeichen*, Christiane Meixner, 1.Sep., p.28
2006
Art in America, *Bettina Pousttchi at Buchmann*, Cathy Lebowitz, Juni-Juli, p.204
Texte zur Kunst, *Zeitbaustellen - Bettina Pousttchi in der Buchmann Galerie, Köln und Berlin, dem Dortmunder Kunstverein und im Leopold Hösch Museum, Düren*, Ilka Becker, Heft 61, März, p.157-159
Frame, *Unter Verdacht: Bettina Pousttchi - Landing*, Peter Kunitzky, Heft 18/19, Summer, p.156
Der Tagesspiegel, *Buchmann Galerie Bettina Pousttchi*, Christiane Meixner, 25.März, p.24
Die Tageszeitung, *Kunstrundgang*, Brigitte Werneburg, 5.April, p.27
2005
Kunstbulletin, *Bettina Pousttchi in der Buchmann Galerie Köln*, Ralf Christofori, Dez., p.55
Contemporary, Video Issue No.71, *Bettina Pousttchi*, Rachel Greene, p.90-93
Stadtrevue Köln, *Bettina Pousttchi: Take Off*, Susanne Braun, Dez.
Kölner Stadtanzeiger, *All der Trash in unserem Leben*, 8.Dez.
Around Photography, *Bettina Pousttchi*, Augusto Pieroni, April, p.58/59
2004
Springerin, *Bettina Pousttchi: Screen Settings*, Petra Löffler, Jan., p.67/68
Flash Art, *Bettina Pousttchi: Next Door Roma*, Simona Cresci, Nr.249, Dez., p.127
Exibart on Paper, *Bettina Pousttchi*, Ilaria Marotta, Nr.19, Dez., p.43
Segno, *Reality Reset - Bettina Pousttchi*, Nr.198, Sep., p.56/57
2003
TIME Magazine, *When Pousttchi met Trockel*, 7.April, p.68/69
Kunstzeitung, *Bettina Pousttchi im Kunstverein*, Susanne Kaufmann, Nr.89, p.10
Elle, *Impressionen aus der Fankurve*, Dez., p.268
Stuttgarter Nachrichten, *Verlorene Weite aus sturmumtoster Brücke*, Nikolai B. Forstbauer, Nr.287, 17.Nov.
Welt am Sonntag, *Kunst im Doku-Clip*, Christiane Hoffmans, 20.April, p.77
Stadtrevue Köln, *Venedig sehen und werben*, Alice Koegel, Aug.
2002
Flashart International, *The Return of the Surreal*, Wolf-Günther Thiel / Dunja Christochowitz, Nr.224, p.109/110
Merian, *Das Ich als Installation*, Thorsten Koch / Andreas Weber, Köln, März, p.68/69
Kölner Stadtanzeiger, *Krachende Knochen und Karnevalsknappen*, Susanne Boecker, 14./15.Dez., p.30
Kölnische Rundschau, *Bedrohliche flackert Blaulicht*, Uschi Baetz, 21.Dez.
artist, *Bettina Pousttchi*, Uta M. Reindl, April, p.22-25
2001
Süddeutsche Zeitung, *Im Genom des Vaters*, Holger Liebs, 13.Feb., p.16
Kunstforum International, *Bettina Pousttchi, Museum Morsbroich*, Claudia Posca, Bd.154, p.409/410
Rheinischer Anzeiger, *Das Leiden am Kulturgehabe*, Dirk Schwarze, 31.März, p.26
Kölner Stadtanzeiger, *Einmal Star zu sein*, Ingeborg Schwenke-Runkel, 03./04.Feb., p.13
Kunstzeitung, *Schlag auf Schlag*, Karlheinz Schmid, April, p.15
2000
Kunstforum International, *Here we go*, Claudia Posca, Bd.151, p.339-341
Time Out, We have liftoff - *The Whitney Independent Study Program is the launching pad for tomorrow's artist's*, Rachel Greene, Nr.243, p.73
Kölner Stadtanzeiger, *Hoffen und Bangen*, Jan Peter Koerver, 16./17.Dez., p.40
Die Tageszeitung, *Das ist Kunst*, Peter Ortmann, 27.Juli
Rheinische Post, *Neue Formen in alter Herrschaftlichkeit*, Magdalena Kröner, 15.Juni
1999
Frankfurter Allgemeine Zeitung, *Es grünt so grün wenn alle Kübel blühen*, Katja Blomberg, 7.Juli, p.50
Innsbrucker Zeitung, *Das Paradies im Container*, Stefan Lüddemann, 7.Juli, p.31
Kölner Stadtrevue, *Aus Brachen werden Drachen*, Larissa Förster, 8/99, p.136
Neue Bildende Kunst, *Positionen zwischen Natur und Kultur*, Joachim Büthe, Aug.-Sep., p.69
Neue Züricher Zeitung, *Natürlich künstlich*, Petra Löffler, 23.Aug., p.20

Impressum / Imprint

Dieser Katalog erscheint anlässlich / This catalog is published on the occasion of
Bettina Pousttchi *Echo*
Temporäre Kunsthalle Berlin
24.09.2009 - 15.03.2010

Herausgeber / Editor:
Temporäre Kunsthalle Berlin und / and Bettina Pousttchi
Konzept: Bettina Pousttchi
Design: Peter B. Willberg, London
Autoren / Authors:
Diedrich Diederichsen, Tom McCarthy, Markus Miessen, Hans Ulrich Obrist, Bettina Pousttchi, Angela Rosenberg, Esther Ruelfs
Übersetzungen / Translations: James Gussen, Steven Lindberg, Ralf Schauff
Lektorat / Copyediting:
Heide Barrenechea Sandi, Sarah Campbell, Katrin Sauerländer
Bildnachweise / Photo Credits: Max Flims (58/59, 62/63, 70/71, 78/79, 82/83, 86/87, 158/159, 162/163, 198/199), Heiner Mühlenbrock (170, 171), Ullstein Bild - CARO/Muhs (85, 130/131), Ullstein Bild - Meißner (69,126/127), alle anderen/ all others Bettina Pousttchi

Temporäre Kunsthalle Berlin
Schlossfreiheit 1
D-10178 Berlin
www.kunsthalle-berlin.com

ISBN 978-3-86560-833-8

Printed in Germany

Bibliografische Informationen der Deutschen Nationalbibliothek:
Die Deutsche Nationalbibliothek verzeichnet diese Publikation in der Deutschen Nationalbibiografie; detaillierte bibliografische Daten sind im Internet über http://dnb.d-nb.de abrufbar.

Erschienen im / Published by:
Verlag der Buchhandlung Walther König, Köln
Ehrenstr. 4, D-50673 Köln
Tel +49 (0) 221 20596-53
Fax +49 (0) 221 20596-60
verlag@buchhandlung-walther-koenig.de

Vertrieb / Distribution

Schweiz / Switzerland
Buch 2000
c/o AVA
Verlagsauslieferungen AG
Centralweg 16
CH-8910 Affoltern a. A.
Tel +41 (0) 44 762 42 00
Fax +41 (0) 44 762 42 10
a.koll@ava.ch

UK & Eire
Cornerhouse Publications
70 Oxford Street
GB-Manchester M1 5NH
Tel +44 (0) 161 200 15 03
Fax +44 (0) 161 200 15 04
publications@cornerhouse.org

Außerhalb Europas / Outside Europe
D.A.P. / Distributed Art Publishers, Inc.
155 6th Avenue, 2nd Floor
USA-New York, NY 10013
Tel +1 (0) 212 627 1999
Fax +1 (0) 212 627 9484
eleshowitz@dapinc.com

Team
Geschäftsführer / Managing Director: Benjamin Anders
Kuratorisches Management / Curatorial Management:
Angela Rosenberg
Ausstellungsleitung / Head of Exhibitions: Agnes Wegner
Kuratorische Assistenz / Curatorial Assistant: Anna Schäffler
Presse / Press: Bärbel Hartje
Marketing: Sarah Höffer
Kunstvermittlung / Education: Tanja Schomaker
Büroleitung / Office Manager:
Caroline Beddermann
Buchhaltung / Accountancy:
Christiana Herrmann
Projektassistenz / Project Assistant: Grischa Lichtenberger, Claudia Voit
Hallenmanager / Gallery Manager: Simon Marschke, Jan Sauerwald
Haustechnik / Maintenance:
Franko Radix

Artful Guards
Studierende des Kunsthistorischen Instituts der Freien Universität Berlin / Students from the art history department of Freie Universität Berlin

Träger / Organizer
Cube Kunsthalle Berlin gGmbH
Gesellschafter / Partners:
Stiftung Zukunft Berlin, Constanze Kleiner, Coco Kühn
Künstlerische Berater / Artistic Advisors: Coco Kühn, Dieter Rosenkranz

Dank / Thanks
Temporäre Kunsthalle Berlin und / and Bettina Pousttchi möchten sich bedanken bei / would like to thank:
Uwe Adams, Michéle Adamski, Heide Barranechea Sandi, Ariane Beyn, Jean Griffin Borho, André Buchmann, Sarah Campbell, Pascal Decker, Diedrich Diederichsen, Sven Griem, James Gussen, Volker Hassemer, Erik Herkrath, Manfred Herrmann, Jörg Heiser, Rüdiger von Hülst, Paul Moritz Joost, Birte Keller, Oliver Kern, Adolf Krischanitz, Thore Krietemeyer, Steven Lindberg, Tom McCarthy, Markus Miessen, Heiner Mühlenbrock, Hans Ulrich Obrist, Ulrike Petzold, Benjamin Pritzkuleit, Peter Raue, Jennifer Rodriguez Freyre, Jochen Rothauge, Jörg Rother, Thomas Rühle, Esther Ruelfs, Katrin Sauerländer, Ralf Schauff, Björn Schmidt, André Schmitz, Bernd Schultz, Andreas Takacs, Iris von Tiedemann, Christiane von Trotha, Daniel Wall, Andreas Wenz, Peter B. Willberg, Frans Willems, Jörg Woltmann, Klaus Wowereit, sowie bei / as well as Berlin Partner GmbH, Bezirksamt Mitte von Berlin, BTM Tourismus Marketing GmbH, ESMT, Deutsche Stadt- und Grundstücksentwicklungsgesellschaft mbH, Senatsverwaltung für Stadtentwicklung

und besonders bei / and especially Si und Dieter Rosenkranz.

Förderung / support

STIFTUNG ZUKUNFTBERLIN

K&L|GATES

Partner / sponsors

sanofi pasteur MSD impfstoffe fürs leben

Wall

vitra.

PiCK ME

MEA brand building

KPM KÖNIGLICHE PORZELLAN-MANUFAKTUR BERLIN

www.pinguindruck.de

hruby werbetechnik

FIEDRICH &co

glow Agentur für Kommunikation

GRISEBACH

VATTENFALL

KEL DRUCK

TLG IMMOBILIEN

ZUMTOBEL

PHILIPS

nawrocki alpin

GROTH GRUPPE

MARAZZI

minimum.de

Eternit

KEIM

WIRUS TÜREN

ALUKÖNIGSTAHL

Villeroy & Boch 1748

PCI Für Bau-Profis

FSB

DORNBRACHT

Medienpartner / media partners

radioeins rbb 95,8

zitty BERLIN DAS HAUPTSTADTMAGAZIN FÜR 14 TAGE UND DIE NÄCHTE